MARIA SERDARUSIC

Mama kocht breifrei

DIE BESTEN REZEPTE UND TIPPS FÜR

BABY-LED WEANING

INHALT

BASISWISSEN

Was ist BABY-LED Weaning? 07

REZEPTE

BEIKOST für kleine Genießer

45

VORWORT

Welche Beikost ist die richtige für mein Baby? Folge ich dem klassischen »Breifahrplan« oder doch lieber der babygeleiteten Beikost? Diese Fragen stellte ich mir, als es bei meiner Tochter Zeit für die Beikost war. Viele Ratschläge von Familie, Freund*innen und dem Kinderarzt verunsicherten mich. Ich hörte dann auf mein Bauchgefühl und eignete mir Wissen über beide Beikostmethoden an.

Zwei Punkte gaben mir ein positives und entspanntes Gefühl: Beikost ersetzt nicht die Milchmahlzeiten, sondern ergänzt sie. Babys sind von Geburt an kompetent und haben die Fähigkeit, sich intuitiv die Speisen auszusuchen, deren Nährstoffe ihr Körper braucht – vorausgesetzt, ihnen wird ein gesundes, abwechslungsreiches Familienessen angeboten.

Brei aß meine Tochter kaum, sie war eher an dem interessiert, was bei uns auf dem Teller lag. Also begann unser breifreies Abenteuer mit meiner 6 Monate alten, beikostreifen Tochter. Anfangs nahm ich sie auf meinen Schoß. Mit ihren Händchen griff sie unterschiedliche stäbchenförmige Lebensmittel und steckte sich diese in den Mund. Sie saß von Anfang an mit uns am Familientisch, schaute uns an und wollte uns beim Essen nachahmen.

Aus der wunderbaren und lehrreichen Erfahrung mit meiner Tochter entstand dieses Kochbuch mit Tipps und umfassendem Wissen zu der breifreien Beikost. Ich bin inzwischen als breifreie Beikostberaterin zertifiziert und ausgebildete Ernährungsberaterin für Säuglinge und Kleinkinder. Du findest hier Antworten auf häufig gestellte Fragen sowie Ratschläge bei Sorgen und Unsicherheiten. Ich möchte dich bestärken, auf die Kompetenz deines Babys und – noch viel wichtiger – deine eigene Intuition zu vertrauen. Denn jedes Baby ist etwas ganz Besonderes. Dein Kind wird in seinem eigenen Tempo und mit seinen individuellen Fähigkeiten essen lernen.

So, und bevor du jetzt umblätterst, möchte ich dir danken, dass mein Buch einen Platz bei euch zu Hause gefunden hat. Jedes Rezept erzählt eine Geschichte: mit welchen Gerichten wir gestartet sind oder wie meine Tocher Sophia das erste Mal alle Gemüsesorten aus dem Ofengemüserezept am Esstisch aussprach. Ich möchte dir zeigen, wie einfach und unkompliziert eine breifreie Beikost im Familienalltag umsetzbar ist. Außerdem soll dich das Buch inspirieren, selbst kreativ zu werden. Probiere aus, ändere Rezepte ab oder kombiniere Gerichte und Beilagen. Gestalte dein Familienessen nach euren Bedürfnissen und Geschmacksvorlieben.

Egal welchen Beikostweg ihr geht, das Wichtigste ist, dass dein Baby selbst entscheidet, was, wie und wie viel es essen mag. Deine Aufgabe ist es, mit Freude, Respekt und Vertrauen die Beikostzeit zu begleiten.

Wenn du noch Fragen hast oder bei manchen Dingen unsicher bist, besuche gerne meinen Online-Breifrei-Workshop oder schaue auf meiner Homepage mamakochtbreifrei.de und meinen Social-Media-Kanälen vorbei.

Ich wünsche dir viel Spaß beim Kochen und eine fröhliche Familienzeit am Esstisch!

Deine Maria

BASISWISSEN

Was ist BABY-LED Weaning?

»MIT BLW KANN SICH EIN BABY IN SEINEM EIGENEN TEMPO MIT NAHRUNG VERTRAUT MACHEN UND SEINEN INSTINKTEN FOLGEND MIT DEM ESSEN BEGINNEN, SOBALD ES BEREIT DAZU IST« - GILL RAPLEY (BRITISCHE EXPERTIN FÜR BABY-LED WEANING)[1]

Baby-led Weaning?

»BREIFREI«? ODER »BABYGELEITETE BEIKOST«? WAS HEIßT DAS GENAU?

Alle drei Begriffe bezeichnen die babygeleitete Einführung der Beikost am Familientisch – ohne zu füttern oder vorher genau zu planen. Der englische Begriff Baby-led Weaning heißt wörtlich übersetzt »babygeleitetes Entwöhnen von Milchnahrung« und beschreibt gar nicht die Konsistenz der Beikost (ob Brei oder nicht), sondern den eigentlichen Sinn dieser intuitiven Beikostmethode: Dein beikostreifes Baby darf von Beginn an das probieren, was die ganze Familie isst und worauf es Lust hat – jedoch babygerecht zubereitet. Zeitgleich mit der langsamen Einführung der Beikost am Familientisch entwöhnt sich dein Kind in seinem Tempo von der Muttermilch oder Pre-Nahrung.

Anfangs wird dein Baby nur sehr geringe Mengen zu sich nehmen, weshalb es ausgesprochen wichtig ist, neben der festen Kost weiterhin bei Bedarf zu stillen oder die Pre-Nahrung anzubieten. Denn der Fokus bei Baby-led Weaning (BLW) liegt nicht darauf, dass dein Baby sich sofort an der festen Kost satt isst – vielmehr geht es darum, dass es verschiedene Geschmacksrichtungen und Texturen kennenlernt und Essen mit allen Sinnen begreifen lernt. Muttermilch oder Pre-Nahrung bleibt in der Beikostzeit also die Hauptnahrungsquelle, über die dein Kind alle wichtigen Nährstoffe bekommt.

DR. NIKOLA KLÜN ERKLÄRT

Die Muttermilch ist kalorisch reichhaltiger als das typische Gläschen und bleibt, wenn Mutter und Baby das wollen, die Hauptenergiequelle im 1. Lebensjahr. Muttermilch ist voller Nährstoffe. Allerdings enthält sie unabhängig von der Ernährung der Mutter relativ wenig Eisen. Die Eisenspeicher des Babys, die es durch die Mutter während der Schwangerschaft mitbekommen hat, neigen sich nach 4–6 Lebensmonaten dem Ende zu. Mit zunehmender Dauer des ausschließlichen Stillens steigt das Risiko für einen Eisenmangel. Deswegen sollte eisenreiche Beikost spätestens mit Beginn des 7. Monats eingeführt werden.

Feste Kost ersetzt anfangs nicht die Brust oder die Flasche, sondern ergänzt sie.
Bei BLW wird dein Baby Lebensmittel in ihrer ursprünglichen Form erforschen und selbst mit den Fingern essen wollen – du solltest es nicht füttern. Dank eines kunterbunten, gesunden und abwechslungsreichen Familienessens lernt dein Baby mit allen Sinnen neue Geschmacksrichtungen, Konsistenzen und Gerüche kennen. Es entscheidet nach seinen Bedürfnissen selbst, was es essen möchte und wie viel.

»LIEBE ELTERN, ICH LERNE, INDEM ICH BEOBACHTE. ICH MÖCHTE EUCH NACHAHMEN UND DAS GLEICHE ESSEN WIE IHR!«

Keine Beikostpläne, Mengenangaben, Druck und Ängste, sondern mit Freude entspannte, kunterbunte Familienmahlzeiten erleben. Anders als bei dem klassischen Beikostplan gibt es bei Baby-led Weaning keine bestimmte Tageszeit, zu der du mit der Beikost starten solltest – genauso wenig wie empfohlene Starter-Lebensmittel, die du nur langsam nach und nach einführen solltest. Sobald dein Baby beikostreif ist, nimm es einfach zu jeder Mahlzeit mit dir an den Tisch, setze es auf deinen Schoß und biete ihm eine gesunde und abwechslungsreiche Familienkost an.

DR. NIKOLA KLÜN ERKLÄRT

Der deutsche Beikostplan beruht auf jahrzehntelangen Erfahrungswerten. In anderen Ländern wird die Beikost völlig anders eingeführt und auch dort haben die betreuenden Kinderärzt*innen gute Erfahrung mit anderen Plänen. Es gibt also nicht den einen Beikostweg, an den du dich halten musst.

WANN IST DEIN BABY

bereit für die Beikost?

Um mit der Beikost zu beginnen, bedarf es keiner besonderen Vorbereitung. Du benötigst auch keinen Kalender oder Ratschläge deiner Freund*innen, Familie oder Kinderärzt*innen, wann dein Baby dazu bereit ist. Dein Kind zeigt dir selbst, ob es motorisch und kognitiv weit genug entwickelt ist. Damit ist gemeint, dass du dich bei der Wahl des richtigen Zeitpunkts für Beikost nach dem Entwicklungsstand deines Babys richten solltest. Voraussetzung für den Beikoststart sind drei wichtige Reifezeichen, die dein gesundes Kind gleichzeitig zeigen muss.

Die Weltgesundheitsorganisation (WHO) empfiehlt eine Beikosteinführung mit Erfüllen der drei Beikostreifezeichen ab dem 6. Lebensmonat. Diese sind:

Aufrechtes Sitzen mit minimaler Unterstützung

Dein Baby ist in der Lage, für die Dauer des Essens mit minimaler Unterstützung im unteren Rücken (auf dem Schoß) aufrecht zu sitzen, ohne zusammenzusacken. Dabei hat es eine stabile Rumpfspannung und kann den Kopf allein halten. Die Arme und Hände sollten frei sein, sodass dein Kind ohne Einschränkung mit Freude die Lebensmittel ergreifen kann.

»WENN EIN BABY MIT SECHS MONATEN ESSEN IN DEN MUND NIMMT, HAT DIES NICHTS MIT HUNGER ZU TUN. BABYS MÖCHTEN NACHAHMEN, WAS ANDERE TUN – TEILS AUS NEUGIER UND TEILS, WEIL IHR INSTINKT IHNEN SAGT, DASS SIE AUF DIESE WEISE WISSEN, DASS DAS, WAS SIE TUN, UNGEFÄHRLICH IST.«

GILL RAPLEY[2]

Verschwundener Zungenstoßreflex

Der Zungenstoßreflex ist ein Schutzmechanismus, der dafür sorgt, dass dein Baby neben Muttermilch oder Pre-Nahrung nichts anderes zu sich nimmt, um ein Verschlucken zu verhindern. Außerdem schützt der Zungenstoßreflex den unreifen Darm vor fremder Nahrung, die dieser noch nicht verdauen kann. Doch wie erkennst du, ob der Zungenstoßreflex verschwunden ist? Ganz einfach: Dein Baby stößt angebotene Lebensmittel nicht mit der Zunge aus dem Mund und ist in der Lage, den Mund zu öffnen und zu kauen. Ist der Zungenstoßreflex komplett verschwunden oder zumindest stark abgeschwächt, bedeutet dies außerdem, dass der Magen-Darm-Trakt ausgereift ist – dein Kind kann somit ein breites Spektrum an Lebensmitteln essen und verdauen. Dies ist ausgesprochen wichtig für den Beikostbeginn.

Augen-Hand-Mund-Koordination

Sie ist gegeben, wenn dein Baby in der Lage ist, Lebensmittel zu sehen, gezielt zu greifen, zu halten und zum Mund zu führen.

Der Beikostbeginn soll nicht nach Kalender erfolgen, sondern dann, wenn alle drei Beikostreifezeichen erfüllt sind. Nicht jedes Baby erfüllt sie zeitgleich oder exakt ab dem 6. Monat. So wie in allen anderen Bereichen – zum Beispiel Krabbeln, Laufen und Sprechen – entwickelt sich jedes Kind in seinem eigenen Tempo. Falls du unsicher bist, ob dein Baby schon bereit für BLW ist, solltest du mit den Kinderärzt*innen Rücksprache halten.

»LIEBE MAMA, LIEBER PAPA, ICH MÖCHTE ANFASSEN, ANSEHEN, FÜHLEN, RIECHEN UND SCHMECKEN – MIT ALLEN SINNEN DIESES BREIFREI-ABENTEUER ERLEBEN!«

BREIFREIE BEIKOST
EINIGE VORTEILE

Von Anfang an selbstbestimmt essen – das steht im Vordergrund bei der breifreien Beikost. Dein Baby entscheidet instinktiv selbst, welche Lebensmittel es probieren möchte und wie viel es essen mag. Es ist daher wichtig, dass es eine bunte Palette verschiedener gesunder Lebensmittel angeboten bekommt. Das ist im Hinblick auf die Nährstoffversorgung notwendig, außerdem entwickelt es so von Anfang an einen kompetenten Umgang mit Lebensmitteln, und sein Selbstbewusstsein wird bereits früh gestärkt. Gleichzeitig lernt dein Kind, seinen Appetit und sein Sättigungsgefühl wahrzunehmen.

1

Das Konzept Baby-led Weaning ist einfach und unkompliziert umsetzbar. Du begleitest dein Baby ohne starren Plan und ohne feste Vorgaben oder Druck. Es gibt keine Empfehlung, wann welche Lebensmittel nach und nach eingeführt werden sollten.

2

Mit BLW erlebt ihr eine gemeinsame und vor allem entspannte Zeit am Familientisch. Dein Baby lernt essen durch beobachten und nachahmen. Zusammenzusitzen stärkt den familiären Zusammenhalt und die Sozialkompetenz deines Babys.

3

Dein Kind isst mit den Fingern und erforscht dabei mit all seinen Sinnen (Fühlen, Schmecken, Riechen, Sehen und Hören) die Lebensmittel in ihrer ursprünglichen Form. Während dieses Lernprozesses entwickelt dein Baby seine Feinmotorik, Sensorik und Mundmuskulatur (Kauen). Hier ein Tipp von mir: Sprich am Esstisch viel mit deinem Baby, denn die gemeinsame Zeit fördert auch die Sprachentwicklung sehr gut.

4

Bei der breifreien Beikost musst du für dein Baby nicht extra kochen, sondern bereitest einfach eine Mahlzeit für alle zu. So sparst du Zeit und Geld, weil keine Babynahrung gekauft werden muss. Baby-led Weaning ist außerdem ein guter Anlass, eigene Essgewohnheiten unter die Lupe zu nehmen und die Familienküche auf gesündere Kost umzustellen. Dabei hilft es, sich Wissen über gesunde Ernährung und Lebensmittel im Allgemeinen anzueignen. Hilfreiche Adressen dazu findest du auf Seite 124.

5

Einfach essen, ohne vorher das Baby füttern zu müssen. Genau das macht BLW besonders und entspannt: Dein Baby isst allein von eurem gemeinsamen Teller, und du hast die Hände frei zum Essen.

6

MEINE BREIFREI-STARTER-TIPPS FÜR DICH:

1

Nimm dein Baby, wenn möglich, zu jeder Mahlzeit mit. Bereite für dich kein anderes Gericht zu, denn dein Kind lernt durch Nachahmung und möchte das Gleiche essen wie du. Es ist daher gut, wenn du dich vor dem Start mit BLW über gesunde Ernährung informierst – mein Buch unterstützt dich dabei. So könnt ihr als Familie Gerichte ins Repertoire aufnehmen, die sich auch babygerecht zubereiten lassen. Im Rezeptteil dieses Buches bekommst du viele Anregungen.

2

Um Frustration zu vermeiden, sollte dein Baby für die Mahlzeiten am Familientisch nicht zu hungrig oder zu müde sein. Wenn es quengelt, krank oder müde ist, stille dein Baby oder biete ihm das Fläschchen vor und nach den Mahlzeiten an. In der ersten Zeit wird es sehr wenig Beikost essen – im Vordergrund stehen das Erforschen und das spielerische Entdecken des Essens. Dein Kind sollte das Breifrei-Abenteuer glücklich und entspannt erleben.

3

Plane für die Mahlzeiten am besten Routinen ein, um deinem Baby Orientierung zu geben: So weiß es immer sofort, dass Essenszeit ist.

IDEEN FÜR ROUTINEN:

- Lass dein Baby beim Kochen zuschauen.
- Wasche seine Hände vor dem Essen.
- Setze es in seinen Hochstuhl oder auf deinen Schoß und ziehe ihm sein Lätzchen an.
- Sprich ein Tischgebet oder sage einen Essensspruch auf.

4

Babys lassen sich sehr schnell ablenken. Sorge deshalb für eine entspannte Atmosphäre bei den Mahlzeiten. Plane ausreichend Zeit dafür ein, dass dein Baby interessiert neue Lebensmittel entdeckt. Ablenkende Dinge wie Handy, Fernsehen oder Spielzeug solltest du meiden.

Milch und Fläschchen

IN DER BEIKOSTZEIT

Das Wichtigste vorweg: Nicht jede Mutter kann oder will stillen – das ist OK! Und egal ob Muttermilch oder Pre-Nahrung – der Beikostbeginn bedeutet nicht das Ende der Still- oder Fläschchenzeit! Im Gegenteil:

★ Führe, wenn möglich, die Beikost ein, solange dein Baby noch gestillt wird und durch die Muttermilch geschützt ist. Auf diese Weise senkst du das Allergierisiko und stärkst das Immunsystem deines Babys (WHO-Empfehlung).

★ Muttermilch oder Pre-Nahrung ist die Hauptnahrungsquelle für dein Baby: Sie hat mehr Nährstoffe und Kalorien als die Familienkost. Daher solltest du die Milchmahlzeiten bei Bedarf immer anbieten und nicht von Beginn an komplett durch Beikost ersetzen. Führe die Familienkost langsam ein – dein Baby wird selbst entscheiden, wann es mehr Essen statt Muttermilch oder Pre-Nahrung möchte. Deshalb ist die breifreie Beikost auch keine schnelle Abstillmethode: Dein Baby bestimmt das Tempo.

★ Wie schnell Milchmahlzeiten ersetzt werden können, ist sehr individuell. Zu Beginn wird viel erforscht und wenig gegessen. Biete nach und nach immer mehr nährstoffreiche, hochkalorische Mahlzeiten (siehe Rezepte) über den Tag hinweg an. So lernt dein Baby, dass feste Kost auch sättigt. Es wird Phasen geben, in denen es viel Hunger hat, und andere, in denen es gar kein Interesse zeigt. Das ist normal. Dein Baby braucht Zeit, um Eindrücke und neu Erlerntes zu verarbeiten. Dabei hilft die Erfüllung seiner Grundbedürfnisse: Beim Stillen oder Fläschchengeben fühlt es sich sicher und geborgen.

★ Die WHO empfiehlt nach Beikosteinführung ab dem 6. Monat ein Weiterstillen bis zum 2. Lebensjahr und darüber hinaus. Weltweit liegt das durchschnittliche Abstillalter zwischen 2 und 7 Jahren. Deshalb kannst du entspannt lange neben der Beikosteinführung und auch später weiterstillen, solange du und dein Baby es wünschen. Wende dich bei Unsicherheiten rund um das Thema Stillen (Abstillprozess, Übergang zu Pre-Nahrung) an eine Stillberaterin.

»MIT ALLEN GEMEINSAM AM TISCH ZU SITZEN UND DAS ZU ESSEN, WAS ALLE ANDEREN AUCH BEKOMMEN, IST DAS HERZSTÜCK VON BLW.«

GILL RAPLEY [3]

Allergieprävention

GEHT GANZ EINFACH

Früher wurden Lebensmittel mit potenziell allergen wirkenden Stoffen im 1. Lebensjahr komplett vermieden. Heute weiß man, dass dies keinen positiven Effekt auf die Allergieprävention hat. Ab Beikosteinführung sollten Babys – auch allergiegefährdete – an möglichst viele Nahrungsmittel herangeführt werden, auch an potenzielle Allergene wie Ei, Weizen, Soja, Schalentiere, Fisch, Nüsse, Erdnüsse und Sesamsamen. Nüsse bitte wegen des Verschluckungsrisikos nicht als Ganzes anbieten! Bei Allergiegefährdung kannst du aber einer Allergientwicklung vorbeugen, indem du deinem Kind schon früh Nussmus auf Brot, Crackern oder Obst anbietest.

Muttermilch wirkt sich positiv auf die Allergieprävention aus: Babys nehmen darüber wichtige Stoffe zur Immunabwehr auf. Wenn du neben der Beikost weiter stillst, kann dies die Verträglichkeit neuer Lebensmittel verbessern.

DR. NIKOLA KLÜN ERKLÄRT

Fisch hat einen vorbeugenden Effekt auf die Allergieentwicklung und sollte mindestens einmal wöchentlich auf dem Speiseplan stehen. Dabei sollte man auf schadstoffarme Fischsorten wie Lachs, Forelle oder Hering achten. Als pflanzliche Alternativen sind Mikroalgenöl oder mit der Omega-3-Fettsäure DHA angereichertes Leinöl zu empfehlen.

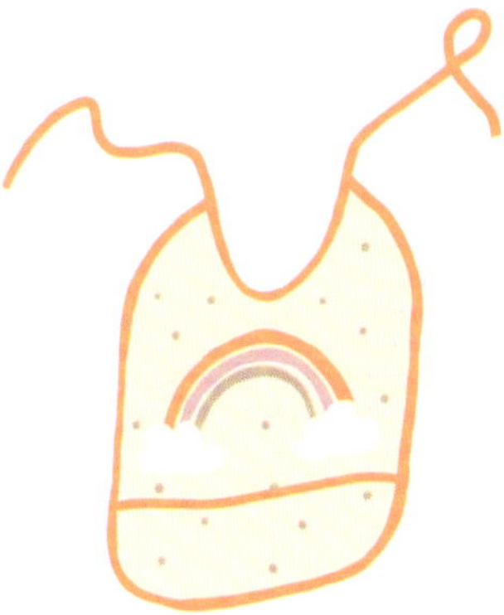

INTERVIEW MIT

FRAU DR. NIKOLA KLÜN

Wie viel sollte ein Baby in der Beikostzeit essen? Gibt es bestimmte Mengenangaben?
Die Gläschen, die du für die jeweilige Altersstufe kaufen kannst, entsprechen ungefähr den empfohlenen Mengenangaben. Meine Erfahrung ist trotzdem, dass viele Babys (vor allem auch Stillkinder) nicht an diese Mengen herankommen. Viel wichtiger ist: Solange das Baby gut gedeiht und langsam mehr und mehr Beikost zu sich nimmt, ist das nicht weiter schlimm. Babys wissen ganz intuitiv, wie viel Hunger sie haben. Eine Fähigkeit, die uns Erwachsenen oft verloren gegangen ist.

Welche Nährstoffe sind in der Beikostzeit wichtig? Ist mein Kind durch die Muttermilch oder Pre-Nahrung gut abgedeckt?
Die Muttermilch oder auch Säuglingsnahrung deckt den Nährstoffbedarf des Babys in den ersten 6 Lebensmonaten gut ab. Beides bleibt auch im gesamten 1. Lebensjahr eine wichtige Nährstoffquelle für das Kind. Die Einführung der Beikost ist natürlich abhängig von den Beikostreifezeichen und ist spätestens nach dem abgeschlossenen 6. Lebensmonat notwendig, da ab diesem Zeitpunkt die Ernährungsbedürfnisse des Säuglings allein durch die Milchnahrung nicht mehr genügend gedeckt werden können. Dies betrifft dann insbesondere den Bedarf des Säuglings an Energie, Eiweiß, Eisen und Zink sowie an den fettlöslichen Vitaminen wie A und D.

Mein Kind möchte nicht essen. Wann muss ich mir deswegen Sorgen machen?
Genau wie bei uns Erwachsenen gibt es auch bei Kindern ganz unterschiedliche Esser. Dazu kommt, dass es in der Phase der Beikosteinführung und auch im 2. Lebensjahr vieles zu lernen und entdecken gibt, was spannender ist als das Essen. Oft geraten Familien in einen Teufelskreis, wenn noch Druck am Familientisch dazukommt. Mein Ratschlag an die Eltern ist deswegen, so gelassen wie möglich zu reagieren und die Mahlzeiten weiterhin mit einer lockeren, entspannten Atmosphäre anzubieten. Solange sich das Kind gut entwickelt (entlang seiner Gewichtsperzentile) und aktiv ist, besteht kein Anlass zur Sorge. Sollte das Kind kränklich wirken, nicht gedeihen, infektanfällig sein oder sollten die Eltern Unterstützung benötigen, sind das gute Gründe, sich an Kinderärzt*innen zu wenden.

Muss ich in der Beikostzeit Muttermilch oder Pre-Nahrung durch feste Kost ersetzen?
Nein, deswegen heißt es auch Beikost. Sie wird zusätzlich zur Muttermilch oder Pre-Nahrung gegeben. Die Stillzeit kann so lange dauern, wie es sich für Mama und Baby gut anfühlt. Ziel im 2. Lebenshalbjahr sollte dennoch sein, die Beikostmenge langsam zu steigern, bis das Kind dann im 2. Lebensjahr ganz an den Familienmahlzeiten teilnimmt und mit allen Konsistenzen der Nahrung vertraut ist.

Wie sieht es mit veganer und vegetarischer Beikost aus?
Vom Forschungsdepartment für Kinderernährung (FKE) wird eine vegetarische Ernährung in der Beikostzeit als machbar eingestuft, eine vegane Ernährung nicht empfohlen. Andere Länder schließen sich dieser Empfehlung nicht an. Eine vegane und vegetarische Ernährung von Kindern, auch in der Beikostzeit, ist meiner Meinung nach möglich, wenn sich die Eltern gut informieren, wie tierische Lebensmittel ersetzt werden können. Sie sollten sich von fachkundigen Kinderärzt*innen begleiten lassen und entsprechend Vitamin B_{12} und Vitamin D supplementieren.

Wie viel Vitamin D soll in der Beikostzeit gegeben werden? Und ist das wirklich notwendig?
Die Deutsche Gesellschaft für Kinder- und Jugendmedizin (DGKJ) empfiehlt die tägliche Gabe einer Vitamin-D-Tablette von 10-12,5 µg (400-500 IE) ab dem Ende der 1. Lebenswoche bis zum Ende des 1. Lebensjahres. Die Prophylaxe kann im 2. Lebensjahr in den Wintermonaten fortgeführt werden. Vermutlich wird in den nächsten Jahren auch eine Supplementation im kompletten 2. Lebensjahr ausgesprochen. Vor allem im Winter reicht die UV-Strahlung in Deutschland nicht zur ausreichenden Bildung von Vitamin D aus. Und Babys unter 1 Jahr sollten auch in den Sommermonaten nicht direkt der UV-Strahlung ausgesetzt werden, daher ist eine Supplementation notwendig.

Gibt es den idealen Beikostweg, also »Brei« oder »breifrei«?
Die DGKJ betrachtet den Weg der breifreien Ernährung kritisch und führt die Verschluckungsgefahr und einen möglichen Nährstoffmangel an. Diese Aussage finde ich sehr pauschal und sie sollte die Eltern nicht verunsichern! Meiner Meinung nach sollte der Weg gewählt werden (oder auch eine Mischung aus beiden), bei dem das Kind mit Freude Lebensmittel entdeckt und mit der Zeit mehr und mehr zu sich nimmt. Eltern sollen breifreie Kost genauso wie Breikost begleiten und die Kinder beim Kauen anleiten. »Breifrei« bedeutet nicht, dass das Baby mit 6 Monaten von einer Möhre abbeißt, sondern dass es Schritt für Schritt an Lebensmittel mit verschiedenen Konsistenzen herangeführt wird. Beobachtet man aber, dass das Kind kein Interesse zeigt, sollte auch Püriertes angeboten werden, um Nährstoffmangel zu vermeiden.

Für wen eignet sich Baby-led Weaning nicht?
Es gibt einige Ausnahmen, bei denen Vorsicht geboten ist, zum Beispiel bei hypotonen Babys, entwicklungsverzögerten Babys oder Babys mit neurologischen Syndromen. Aber im Prinzip eignet sich BLW für alle, die Interesse haben, den Beikostweg individuell auf ihr Kind abzustimmen und ihm eine möglichst breite Erfahrung von Anfang an zu ermöglichen. Man sollte sich aber vorab informieren, worauf bei BLW geachtet werden muss, und bei Zweifeln Rücksprache mit Kinderärzt*innen halten. Besonders empfehlenswert ist BLW übrigens dann, wenn das Kind wenig Lust auf Püriertes hat.

HAT DEIN BABY

Durst?

Das beste Getränk für dein Baby ab Beikoststart ist stilles Wasser. Genau wie beim Essen mit Besteck wird dein Baby so wie du aus einem Becher oder einem Glas trinken wollen. Dabei kannst du es unterstützen, indem du ihm immer wieder Gelegenheit zum Üben gibst, zum Beispiel bei jeder Mahlzeit. Unzerbrechliche Becher oder Tassen mit einer breiten Öffnung eignen sich gut für die Anfangszeit. Dein Baby hat es leichter, wenn es aus einem randvollen kleinen Becher zunächst mit Unterstützung nippen darf und später mit etwas Übung selbstständig trinken kann. Etwa im 9. Lebensmonat greift es geschickter und gezielter Trinkgefäße.

Babys, die voll gestillt werden, decken mit der Muttermilch nicht nur ihren Nährstoffbedarf, sondern stillen auch ihren Durst. Deshalb müssen sie das Trinken genauso wie das Essen erst lernen. Dein Kind braucht Zeit, um zu begreifen, dass neben der Muttermilch oder der Pre-Nahrung auch Wasser seinen Durst stillt. Bekommt dein Baby die Flasche, solltest du ihm direkt ab Beikoststart bei jeder Mahlzeit Wasser anbieten. Wenn du stillst, passt sich die Muttermilch im Gegensatz zur Pre-Nahrung automatisch an den Durst deines Kindes an. Daher ist zusätzliches Wasser bei Stillkindern erst empfehlenswert, wenn schon größere Mahlzeiten im Bauch landen, meist erst Wochen nach Beikoststart.

RUND UM DIE
GETRÄNKE FÜRS BABY

GEEIGNET:

- Stilles Wasser: Normales Leitungswasser ist geeignet, wenn im Haus keine problematischen Leitungen (z. B. aus Blei) liegen. Das Wasser bei den Mahlzeiten anbieten, das Baby zum Trinken anleiten und dabei unterstützen
- Kleine, unzerbrechliche Becher/Trinkgefäße und kleine, dickwandige Schnapsgläser
- Für unterwegs eignen sich zum Beispiel Edelstahlflaschen

UNGEEIGNET:

- Alkohol und koffeinhaltige Getränke
- Kuhmilch als Getränk: Sie ist zu reichhaltig und sättigend.
- Zuckerhaltige Getränke (gezuckerte Tees, Softdrinks)
- Fruchtsaftgetränke und Schorle
- Grüner und schwarzer Tee
- Kräutertees können eine medizinische Wirkung haben, daher immer nur bei bestimmten Beschwerden anbieten.
- Nicht zahnfreundlich: Saugaufsätze für Wasserflaschen, Schnabelflaschen und Trinklernbecher. Diese können dein Baby zu Dauertrinken oder -saugen verleiten. Wenn dies den ganzen Tag über längere Zeit erfolgt, greift selbst Wasser durch das häufige Umspülen der Zähne den Zahnschmelz an. Außerdem stillen Trinklernbecher das Saugbedürfnis deines Babys, weshalb es möglicherweise über den Durst hinaus zu häufig trinkt.

ENTWICKLUNG DES Greifverhaltens

In der Beikostzeit erlernt dein Baby den Umgang mit unterschiedlichen Konsistenzen und Formen, wobei es die einzelnen motorischen Entwicklungsphasen – genau wie alle anderen Entwicklungsschritte – in seinem eigenen Tempo durchläuft. Dein Kind lernt, gezielt Dinge wie Spielzeug oder Lebensmittel zu greifen und zu entdecken. Vor allem Lebensmittel steckt es gern in den Mund und entdeckt sie spielerisch: durch Hin- und Herbewegen mit der Zunge, Einspeicheln, Ansaugen, Lutschen, Ausspucken oder Herunterschlucken.

Etwa ab dem 6. bis 8. Lebensmonat, wenn dein Baby alle drei Beikostreifezeichen zeigt, kann es größere Lebensmittel gezielt greifen, festhalten und in den Mund führen. Das Greifen funktioniert in der Anfangszeit nicht mit einzelnen Fingern, sondern nur mit der kompletten Hand. Oftmals essen Babys noch beidhändig, indem sie die zweite Hand als Führung nutzen. In dieser Zeit erkundet dein Kind alle Lebensmittel mit dem Mund. Nach einer sehr kurzen Greifphase lässt es sie häufig unkontrolliert auf den Boden fallen. Damit dein Baby die Lebensmittel leichter greifen und essen kann, sollten sie ober- und unterhalb seiner Faust herausragen. Biete deshalb Stäbchen oder fingerförmige Nahrung an, dafür eignen sich zum Beispiel Brot-Sticks, Banane, Avocado oder Birne.

Ab dem 8. bis 10. Monat ist dein Baby geübter darin, unterschiedliche Konsistenzen sicher zu greifen, zu kauen und zu schlucken. Klebrige Speisen werden aus der Handinnenfläche gegessen und Nahrungsmittel werden nicht mehr sofort ausgespuckt oder mit der Hand zerdrückt. Außerdem tunken Babys in dieser Phase gerne Lebensmittel wie Brot-Sticks oder Dinkelstangen in Saucen oder Suppen.

Im Alter von etwa 9 bis 12 Monaten zeigt dein Kind schon deutlich mehr Geschick beim Essen: Es greift Lebensmittel mit ausgestrecktem Daumen und Zeigefinger (»Pinzettengriff«). Babys können in dem Alter schon Reiskörner oder mundgerecht zugeschnittene Lebensmittel aufnehmen. Es kann sein, dass eine Mahlzeit jetzt etwas länger dauert, denn dein Kind hat eine neue Fähigkeit erworben – gib ihm genug Zeit und Ruhe, das Erlernte zu üben.

SO FUNKTIONIERT DAS

Essen ohne Zähne

Oft sorgen sich Familien, ob ihr Baby ohne Zähne überhaupt schon essen kann. Ich möchte dich beruhigen: Ja, dein Kind ist in der Lage, ohne Zähne zu essen. Mit der breifreien Beikost bekommt es die Möglichkeit, unterschiedliche Konsistenzen zu erforschen. Dadurch trainiert es seine Kaufähigkeit sowie die Mund- und Zungenmuskulatur. Die Beikosteinführung bietet außerdem den großen Vorteil, dass dein Baby bereits früh den sicheren Umgang mit unterschiedlichen Lebensmitteln lernt. Gleichzeitig fördert sie das Sprechenlernen. Dein Baby zerdrückt weiche Lebensmittel anfangs mit der Zunge am Gaumen. Nudeln, Brot oder Fleischstücke schiebt es mit der Zunge hin und her, speichelt sie ein und zerkleinert sie mit der harten Kauleiste. Das Zerkleinern von roher Paprika, Möhre und Salat funktioniert jedoch erst mit den Backenzähnen.

DR. NIKOLA KLÜN ERKLÄRT

Auch Erwachsene kauen mit den Backenzähnen (nicht mit den Frontzähnen). Die Backenzähne kommen bei den Kindern erst zwischen dem 18. und 30. Lebensmonat. Bis dahin kauen auch Kleinkinder die Nahrung mit dem Zahnfleisch oberhalb der Backenzähne. Das Zahnfleisch von Babys und Kleinkindern hat also die Fähigkeit, Nahrung gut zu zerkleinern.

Übrigens: Sobald sich der erste Zahn zeigt, solltest du ihn erst mit einem Läppchen oder speziellen Fingerling, später dann mit einer Baby-Zahnbürste nach einer Mahlzeit reinigen. So gewöhnt sich dein Baby von Anfang an daran, dass zum Essen auch die Zahnpflege gehört.

Also doch kein Brei?

Natürlich musst du breiige Konsistenzen in der breifreien Beikost nicht ausschließen. Das traditionelle Baby-led-Weaning-Beikostkonzept sieht vor, dass dein Baby am Familientisch selbstständig isst, sobald es die Beikostreifezeichen zeigt. Ein Grundgedanke bei BLW ist, dass dein Kind nie gefüttert wird, sondern selbst entscheidet, was und wie viel es aus einem gesunden und abwechslungsreichen Angebot essen möchte – der Fokus liegt bei BLW auf der Förderung einer kompletten Autonomie deines Babys beim Essen. Meine Erfahrung als Beikostberaterin hat mir jedoch gezeigt, dass es nicht »den besten« Beikostweg gibt, das ist mir wichtig zu erwähnen. Vielmehr kommt es darauf an, dass du einen Weg mit deinem Kind gehst, der euch Freude bereitet. Auch mit Brei kannst du dein Baby liebevoll und nach seinen Bedürfnissen begleiten und es zum selbständigen Essen ermuntern. Egal, auf welche Art du deinem Baby Speisen anbietest, sollte es das Essen mit Spaß, Geduld, Respekt und Vertrauen erleben. In der Beikostzeit lernst du dein Kind

und seine Bedürfnisse noch besser kennen. Entscheide intuitiv mit deinem Baby, welchen Weg ihr gehen möchtet – ob Brei, breifrei oder eine Kombination aus beidem. Tabellen oder »Breifahrpläne« helfen dir nicht dabei. Achte auf dein Kind: Möchte es allein essen oder lieber gefüttert werden? Deine Aufgabe ist es, neben Muttermilch oder Pre-Nahrung ein nahrhaftes und abwechslungsreiches Familienessen anzubieten. Lass dein Kind dabei immer selbst entscheiden, was, wie und wie viel es essen möchte – ohne Druck.

Verdauung in der Beikostzeit

Ab Beikoststart stellt sich die Verdauung deines Babys stückweise um. Sobald dein Baby größere Mengen an fester Nahrung zu sich nimmt, kann man anfangs unverdaute Speisereste im Stuhl entdecken. Die Beschaffenheit des Stuhls, die Farbe, der Geruch und die Häufigkeit der Stuhlgänge am Tag ändert sich ebenfalls. All das ist vollkommen normal. Die Verdauung stellt sich langsam um und das braucht seine Zeit. Dein Baby lernt in seinem eigenen Tempo, feste Nahrung vor dem Schlucken zu kauen, zu zerkleinern und einzuspeicheln – Letzteres ist äußerst verdauungsfördernd und bereits der erste Verdauungsschritt.

Leidet dein Baby anfangs an Verstopfung oder hartem Stuhlgang? Achte dann auf eine ausreichende Flüssigkeitszufuhr durch Wasser und häufiges Stillen (z. B. auch vor und nach den Mahlzeiten) und auf einen ausreichenden Fettgehalt in der Nahrung (z. B. durch Zugabe von gesunden Ölen wie Rapsöl). Ballaststoffreiche Lebensmittel wie Vollkornprodukte, Pflaumen, Trockenfrüchte, Birne, Brokkoli, Flohsamen, Leinsamen, Pastinaken, Fenchel, Aprikose und gedünsteter Apfel wirken Verstopfung entgegen. Bananen, Möhren, Weißmehlprodukte, weißer Reis oder geriebener, roher Apfel sind eher stopfend. Bewegung, eine wohltuende Bauchmassage mit einem entkrampfenden Öl (z. B. Kümmel-Kamille-Öl) und Wärme (warme Bauchwickel) wirken sich positiv auf die Verdauung aus.

Sicherheit

IN DER BEIKOSTZEIT

Der sicherste Breifrei-Weg funktioniert nur mit einem guten Gefühl dabei. Fang daher zuerst bei dir an, denn zuallerst zählt:

Deine innere Ruhe

★ Mein Wissen über gesunde Familienküche und Baby-led Weaning gebe ich dir in diesem Buch an die Hand. Und wenn du dich darüber hinaus noch weiter über beide Themen informieren möchtest, kann das nur hilfreich sein. Denn je mehr du weißt, desto sicherer und entspannter begleitest du dein Baby bei seinem spannenden Breifrei-Abenteuer.

★ Gesunde Ernährung für Groß und Klein: Die breifreie Beikost hat den Vorteil, dass die ganze Familie sich insgesamt ausgewogener ernährt. Auch das gibt ein gutes Gefühl.

★ Als erfahrene, langjährige Intensivpflegerin weiß ich genau, was ich tun muss, wenn Notfallsituationen auftreten sollten. Dieses Wissen zu haben und sofort handeln zu können, ist Gold wert. Vielleicht hast du bei breifreier Beikost Sorgen vor einer erhöhten Verschluck- beziehungsweise Erstickungsgefahr? Ein Erste-Hilfe-Kurs für Babys und Kleinkinder kann dir diese Angst nehmen. Verschiedene Adressen für solche Kurse findest du auf Seite 27.

DR. NIKOLA KLÜN ERKLÄRT

Weißt du, was ich sehr aufschlussreich finde? Eine Studie[4] unterteilte 206 Babys in zwei Gruppen: Die eine erhielt Fingerfood, die andere Brei. Die Gruppen unterschieden sich überhaupt nicht in der Häufigkeit des Verschluckens. Unsere Vorfahren hatten schließlich auch keine Pürierstäbe und man kann davon ausgehen, dass Babys evolutionsbiologisch mit verschiedenen Konsistenzen umgehen können.

★ Verlasse dich auf deine Intuition, denn du bist Expert*in für dein Baby! Du verfügst über diese Kompetenz schon von Geburt deines Kindes an. Höre auf dein Bauchgefühl: Du siehst, wie schnell dein Baby sich entwickelt. Und in Bezug auf die Beikost weißt du, wann dein Kind dazu bereit ist, bestimmte Lebensmittel zu essen und kennenzulernen.

★ Begleite dein Baby mit einer positiven Einstellung zur breifreien Beikost. Oft führen hohe Erwartungen dazu, dass das Baby von Anfang an das liebevoll gekochte Familiengericht aufessen muss. Dies endet leider mit Stress, Druck, Enttäuschung und schlechter Laune am Familientisch. Denn wie schon oft erwähnt, geht es in der Beikostzeit darum, feste Nahrung zu erforschen. Mit allem, was dazugehört: Krümel, Flecken und Essen auf dem Boden. Das ganz gelassen zu akzeptieren, hilft ungemein.

★ Parallel zu Baby-led Weaning nimmt dein Baby zusätzliche Nährstoffe über die Familienkost auf. Die Hauptnahrungsquelle bleibt jedoch zunächst die Muttermilch oder das Fläschchen. Hab also keine Angst, dass dein Kind nicht genug zu essen bekommt!

★ Lass dich nicht davon verunsichern, wenn andere Babys besser und mehr essen als dein Kind. Jedes Kind ist einzigartig in allen Entwicklungsschritten wie Krabbeln, Laufen und Sprechen. Vergleichen ist daher tabu. Vertraue auf die Fähigkeiten und Kompetenz deines Babys.

★ Informiere deine Familie oder die Kinderbetreuung, dass dein Baby breifreie Beikost bekommt. Für mehr Sicherheit plane auch mal ein Familienessen mit deinen Liebsten ein, sodass sie einfach mal sehen, wie Baby-led Weaning funktioniert, und sie eine bessere Vorstellung davon bekommen.

Sicherheit für dein Baby

★ Um einem Verschlucken und dem damit verbundenen Erstickungsrisiko vorzubeugen, muss dein Baby in aufrechter Position essen. Es darf weder liegend noch halb liegend essen bzw. gefüttert werden und niemals beim Krabbeln oder Laufen esssen. Lasse dein Baby bei den Mahlzeiten nie unbeaufsichtigt.

★ Eine der wichtigsten Sicherheitsregeln ist, dass dein Baby bereit für die Beikost sein muss: Es erfüllt gleichzeitig alle drei Beikostreifezeichen (→ Seite 10–11).

★ Dein Baby kann allein essen, es wird nicht gefüttert. Baby-led Weaning ist ein Prozess, bei dem dein Kind instinktiv den sicheren Umgang mit Lebensmitteln lernt. Lass es in seinem eigenen Tempo eigenständig verschiedene Konsistenzen, Formen und Größen befühlen und schmecken. Stecke deinem Baby bitte keine Nahrung in den Mund!

★ Wähle Beikost, die dein Kind gut greifen und zum Mund führen kann. Die Lebensmittel sollten dafür etwas länger als die Faust deines Babys sein.

★ Teste die Speisen vor dem Anbieten: Sind sie weich genug, um sie mit der Zunge am Gaumen zu zerdrücken? Achte auch darauf, dass sie nicht zu heiß für dein Baby sind.

★ Auch wichtig: Wenn DU heiße Getränke zu dir nimmst, sollte dein Baby nicht in unmittelbarer Nähe oder auf deinem Schoß sitzen – es reicht eine unbedachte Bewegung, und schon verbrüht sich dein Baby.

DR. NIKOLA KLÜN ERKLÄRT

Fast alle Babys dürfen breifrei ernährt werden. Besondere Vorsicht ist geboten bei starkem Untergewicht oder ernährungsbedingten Mangelerscheinungen. Hypotone Babys, entwicklungsverzögerte Babys oder Babys mit neurologischen Syndromen haben ein erhöhtes Verschluckungsrisiko. Hier sollte man mit pürierter Kost beginnen und sich ärztlich begleiten lassen.

»JE ÖFTER ICH ESSEN MIT MEINEN HÄNDEN ERFORSCHEN UND MIT MEINEN SINNEN ENTDECKEN DARF, DESTO SICHERER WERDE ICH DEN UMGANG MIT FESTER KOST LERNEN.«

WAS TUN BEI WÜRGEN VERSCHLUCKEN ERSTICKEN

Wie kannst du die Essensumgebung so gestalten, dass ihr eine entspannte, sichere Beikostzeit erleben könnt? Indem du auf die Sicherheitsregeln (→ Seite 23–25) und auf die ungeeigneten Lebensmittel (→ Seite 28–29) achtest und über die Unterschiede zwischen Würgen, Verschlucken und Ersticken informiert bist.

Genau vor diesen drei Dingen haben Eltern am häufigsten Angst, wenn sie von Baby-led Weaning hören. Viele sind unsicher, ob breifreie Beikost der richtige Weg ist oder ob Brei doch sicherer ist. Nein! Es gibt keine Studie oder Statistiken, die belegen, dass BLW gefährlicher als das Breifüttern ist. Verschlucken ist auch bei Brei möglich. Denn dabei haben die Eltern die Führung und die Kontrolle, den Brei einfach über den Würgereflexpunkt hinweg in den Mund zu schieben. Würgen und Verschlucken gehören zum Lernprozess, bei dem Babys eigenständig den sicheren Umgang mit Lebensmitteln herausfinden, dazu.

Das **Würgen** ist ein Schutzreflex, der verhindert, dass größere Lebensmittelstücke unkontrolliert in die Speiseröhre gelangen, und so dafür sorgt, dass Babys sich nicht daran verschlucken. Ausgelöst wird er bei Babys relativ weit vorne auf der Zunge; mit der Zeit wandert er nach hinten. Oftmals verwechseln Eltern Würgen mit Verschlucken, weil das Würgen anfangs etwas dramatisch aussehen kann. Babys geben dabei häufig komische Geräusche von sich, würgen unter Tränen und mit rotem Kopf, manche sind anfangs sehr sensibel und erbrechen sogar. Das ist völlig normal. Wichtig ist, dass du ruhig bleibst, denn diese Ruhe wird sich auch auf dein Kind übertragen.

Verschlucken heißt, dass die Lunge teils von einem Fremdkörper blockiert wird, aber dein Baby noch in der Lage ist, diesen eigenständig abzuhusten. In diesem Zustand sollte es weiter atmen und kräftig husten können. Manche Babys weinen, niesen, erbrechen oder bekommen dabei einen roten Kopf. Dann ist es wichtig, dass du dein Kind dazu ermunterst, kräftig abzuhusten, und ständig mit ihm sprichst.

Dass sich das Verschlucken zum **Ersticken** verschlimmert, merkst du daran, dass dein Baby nicht mehr kräftig husten kann, keine Geräusche von sich gibt, schläfriger wird und eine bläuliche Farbe bekommt. Beim Ersticken sind die oberen Atemwege komplett blockiert. In dem Fall muss schnellstmöglich Erste Hilfe geleistet werden. Damit du in solch einer Notsituation sofort handeln kannst, ist der Besuch eines Erste-Hilfe-Kurses für deine innere Ruhe und für die Sicherheit deines Babys äußerst wichtig.

INFO

ERSTE HILFE

Wenn dein Kind sich verschluckt hat, solltest du es als ersten Schritt zum Abhusten animieren. Husten ist der effektivste Schutzmechanismus beim Verschlucken. Gerate nicht in Panik, sondern huste deinem Kind vor oder sage laut: »Gut so! Weiterhusten! Huste!«

Sollte das Kind im schlimmsten Fall nicht mehr husten können, muss sofort ein Notruf (Tel. 112) abgesetzt werden. Um deinem Kind helfen zu können, bis ein*e Notärzt*in eintrifft, solltest du einen Erste-Hilfe-Kurs belegt und geübt haben, was in einem solchen Fall zu tun ist.

Generell sollten alle Eltern einen Erste-Hilfe-Kurs belegen, damit sie wissen, wie sie sich in Notfällen verhalten sollen.

Kindernotfallkurse findest du über Kinderärzt*innen, über deine Hebamme oder online, zum Beispiel hier:

www.johanniter.de
www.malteser.de
www.drk.de

Marias Lieblingsexpertin zum Thema Sicherheit:

Juliane Kux I Kindernotfallkurse
www.luettundsafe.de

ACHTUNG: VERBOTENE LEBENSMITTEL!

ALKOHOL UND KAFFEE

HONIG UND AHORNSIRUP

Nicht für Babys unter einem Jahr geeignet. Honig und Ahornsirup können mit Bakterien (Clostridium botulinum) belastet sein, deren Sporen im Darm giftige Stoffe produzieren und so den lebensgefährlichen »Säuglingsbotulismus« auslösen können.

NÜSSE

Harte und runde Nüsse sind für Babys nicht geeignet, da eine hohe Verschluckungs- und Erstickungsgefahr besteht. Sie liefern jedoch eine Menge gesunder Nährstoffe – als Nussmus oder in gemahlener Form darf dein Baby sie essen.

PRALLELASTISCHE LEBENSMITTEL

Um einen Erstickungsunfall zu verhindern, biete kleine runde Trauben, Blaubeeren, Erbsen, Mais und Cocktailtomaten nicht im Ganzen an. Ab Beikoststart kannst du zum Beispiel Beeren, Erbsen oder Mais angedrückt anbieten. Je nach Größe solltest du diese Lebensmittel ab Beherrschen des Pinzettengriffs halbieren oder vierteln. Manche Eltern schälen Trauben und Cocktailtomaten, dies ist aber nicht unbedingt notwendig. Wenn dein Baby Schwierigkeiten mit der Schale hat und diese einen extremen Würgereiz auslöst, kannst du sie abziehen.

ZUCKER SOWIE ZUCKERHALTIGE GETRÄNKE UND LEBENSMITTEL

Diese Produkte solltest du in der Beikostzeit meiden bzw. nur sehr, sehr sparsam einsetzen: Sonst gewöhnt sich dein Baby daran und bevorzugt auch im späteren Leben hauptsächlich solche Lebensmittel – was zu Zahnschäden oder Übergewicht führen kann. Auch Süßstoffe oder Zuckeraustauschstoffe sind für Babys nicht zu empfehlen!

FAST FOOD & CO.

Fast Food, Fertig- oder Lightprodukte sollten nicht auf dem Speiseplan stehen, denn sie liefern kaum Nährstoffe und sind ungesund: Sie enthalten meist zu viel Zucker bzw. Süßstoffe oder Salz. Außerdem beinhalten sie unnötige Konservierungs- und Zusatzstoffe.

ROHE LEBENSMITTEL UND GETREIDE

Um einer Salmonellenvergiftung vorzubeugen, solltest du Eier nur in durchgegartem Zustand anbieten. Auch Lebensmittel mit einer hohen Bakterienbelastung – dazu zählen Rohmilchprodukte, Fisch und Fleisch – sollte dein Baby auf keinen Fall roh essen. Rohes Getreide sollten Babys ebenfalls nicht zu sich nehmen, denn die Getreidekörner quellen auf, was zu Blähungen und heftigen Bauchschmerzen führen kann.

SALATBLÄTTER

Salatblätter können am Gaumen deines Babys kleben, was es möglicherweise als unangenehm empfindet. Dies kann einen Würge- oder Brechreiz auslösen. Biete deshalb klein geschnittene Salatblätter erst an, wenn dein Baby Backenzähne hat.

PSEUDOGETREIDE

Babys sollten nur sehr wenig Pseudogetreide wie Quinoa, Amaranth und Buchweizen verzehren. Das Bundesinstitut für Risikobewertung empfiehlt, auf Pseudogetreide am besten bis zum 2. Lebensjahr des Kindes zu verzichten, weil es Gerbstoffe und Saponine enthält.

ROHKOST

Lebensmittel wie Möhre und Apfel sollten Babys aufgrund des Erstickungsrisikos nicht roh essen. Fein geraspelt, gedünstet oder püriert dürfen sie davon probieren.

FETTREDUZIERTE LEBENSMITTEL

Fettreduzierte Produkte wie Milch, Joghurt und Käse sind für Babys und Kleinkinder nicht geeignet. Greife lieber zu Vollfettprodukten: Sie liefern ausreichend Energie, Fett und Kalzium für dein Baby.

EINGESCHRÄNKT

GEEIGNETE LEBENSMITTEL

SALZ

Gerichte für Babys unter 1 Jahr sollten wenn möglich salzfrei angeboten werden, denn zu viel Salz kann die Niere und andere Körperfunktionen belasten. Für ein Baby unter 1 Jahr ist 1 g (0,4 g Natrium) pro Tag erlaubt. Das entspricht circa einer Scheibe Toast. Dein Baby wird anfangs keine komplette Scheibe Toast essen, mache dir also keine Sorgen darüber. Du bekommst mit der Zeit ein gutes Auge, wie viel salzhaltige Nahrung dein Baby über den Tag zu sich genommen hat. Die Rezepte in diesem Buch sind komplett salzfrei, jedoch musst DU nicht komplett auf Salz verzichten, sondern kannst einfach bei Bedarf nachsalzen. Salz im Kochwasser oder im selbst gebackenen Brot ist übrigens nicht verboten, du solltest einfach generell salzärmer für die Familie und dein Baby kochen.

GEWÜRZE UND KRÄUTER ALS SALZERSATZ

Dein Baby hat sensiblere Geschmacksknospen als du, weshalb es intensiver als Erwachsene schmeckt. Kräuter und Gewürze sind in der Beikostzeit jedoch nicht verboten. Sie bieten nämlich eine tolle Möglichkeit, das Essen für die ganze Familie schmackhafter zu machen. Führe nach und nach verschiedene Kräuter und Gewürze ein.

GEEIGNETE (UNGESALZENE) GEWÜRZE:

Frische oder getrocknete Kräuter (Basilikum, Petersilie, Oregano), Kräutermischungen (edelsüßer Paprika, italienische Kräuter, Kräuter der Provence, Pizzakräuter), mildes Curry (nur erfahrenen Breifrei-Babys anbieten), Kurkuma, Kreuzkümmel, gemahlener Koriander (in kleinen Mengen), Vanillemark und Ceylon-Zimt (Cassia-Zimt enthält zu viel Cumarin, was schädlich sein kann)

UNGEEIGNETE GEWÜRZE:

Scharfe Gewürze schaden deinem Baby nicht, sollten jedoch mit Vorsicht verwendet werden. Sie können dazu führen, dass dein Kind Schmerzen im Mundraum bekommt. Ein mildes Currypulver zum Beispiel kannst du mit der Zeit, wenn dein Baby etwas geübter in Sachen Beikost ist, anbieten.

MILCH UND MILCHPRODUKTE

Milch und Milchprodukte enthalten viele Proteine, die die Niere belasten können. Deshalb solltest du Milch nicht als Getränk oder Ersatz für Pre-Nahrung anbieten, sondern eher in verarbeiteter Form, zum Beispiel in Backwaren oder Porridge. Pro Tag sind im 1. Lebensjahr maximal 200 g Milch und Milchprodukte (Frischkäse aufs Brot, Sahnesaucen, Käse im Auflauf) erlaubt.

DR. NIKOLA KLÜN ERKLÄRT

Es spricht grundsätzlich nichts dagegen, ab dem 6. Monat geringe Mengen (maximal 200 ml bzw. g) an Kuhmilch(produkten) anzubieten. Ungeeignet in diesem Alter sind jedoch unbehandelte Rohmilch, Magermilch, fettarme Milch, andere Tiermilch (Schaf, Ziege) oder Pflanzendrink. Letzterer kommt in Maßen erst für Kinder ab 1 Jahr infrage.

DIE MUST-HAVE-VORRÄTE IN MEINER KÜCHE

Ein gut gefüllter Vorratsschrank hat den Vorteil, dass du immer deine Lieblingsprodukte im Haus hast, Zeit und Geld sparst und stets spontan etwas Leckeres kochen kannst. Im Folgenden verschaffe ich dir einen Überblick, welche Zutaten ich gerne für die Zubereitung unserer gesunden Familienküche nutze.

Öl & Co.

- **Raps-, Oliven- und Sonnenblumenöl**
- **Kokosöl**
- **Ungesalzene Gemüsebrühe**
- **Verschiedene Kräuter und Gewürze**

Mein Vorratsschrank

- **Zarte Hafer-, Hirse- und Dinkelflocken**
- **Ungezuckerte Mais-Flakes**
- **Polenta, Couscous und Bulgur**
- **Dinkelgrieß**
- **Reis (Milch-, Basmati-, Jasmin-, Risotto-, Vollkorn- und Langkornreis)**
- **Nudeln (aus Vollkorn-, Dinkel-, Weizen- und Linsenmehl in verschiedenen Formen)**
- **Gekochte Hülsenfrüchte aus dem Glas (Kichererbsen, Kidneybohnen)**
- **Linsen (grüne Berglinsen, schwarze Belugalinsen und rote Linsen)**
- **Dinkel- oder Vollkornsemmelbrösel und Panko (asiatisches Paniermehl)**
- **Stückige und passierte Tomaten**
- **Dinkel- oder Vollkorntoast**
- **Bio-Eier**

Obst und Gemüse

- **Bananen**
- **Äpfel**
- **Birnen**
- **Avocados**
- **Zitronen**
- **Kiwis**
- **Kartoffeln**
- **Süßkartoffeln**
- **Blaubeeren**
- **Zwiebeln**
- **Knoblauch**

Zum Backen

* Verschiedene Mehlsorten (am liebsten backe ich mit Dinkelmehl)
* Weinsteinbackpulver
* Maisstärke
* Agar-Agar
* Leinsamen, Chiasamen und Sesamsamen
* Ungezuckerte Kokosraspel
* Gemahlene Mandeln und Mandelblättchen
* Vanilleschoten oder fein gemahlene Vanille
* Ceylon-Zimt
* Ungezuckerte Trockenfrüchte (Rosinen, Aprikosen, Pflaumen)
* Ungesüßtes, schwach entöltes Kakaopulver
* Apfelmark
* Mandel- und Erdnussmus (aus 100 Prozent Mandeln und Erdnüssen, ohne Stückchen)
* Kokosblütenzucker und Honig (Achtung: nicht geeignet für Babys unter 1 Jahr)
* Dattelsüße
* Ganze Walnüsse, ungesalzene Pistazien und Macadamianüsse (Vorsicht! Nicht im Ganzen für Babys und Kleinkinder geeignet, gemahlen oder als Mus vollkommen in Ordnung)

Vorräte in Kühlschrank oder Gefrierfach

* Naturjoghurt (Vollfett)
* Kuhmilch (Vollfett) und Mandeldrink (zuckerfrei, erst ab 1 Jahr)
* Frischkäse (Vollfett)
* Butter
* Mozzarella
* Emmentaler am Stück
* Parmesan am Stück
* Gurken
* Brokkoli
* Paprikaschoten
* Möhren
* Zucchini
* Tomaten
* TK-Gemüse (Brokkoli, Blumenkohl, grüne Bohnen, Erbsen, Babyspinat oder Kaisergemüse)
* TK-Obst (Blaubeeren, Himbeeren, Mango-Würfel, selbst eingefrorene Bananenscheiben)
* TK-Seelachs und -Garnelen
* TK-Kräuter (Petersilie, Schnittlauch, Dill)

Praktische Ausstattung

FÜR DIE BEIKOSTZEIT

Im Grunde genommen benötigst du nur wenige Dinge, um zu starten: ein beikostreifes Baby, eine gesunde Familienküche und liebevolle Eltern, die sich über die breifreie Beikost informiert haben. Darüber hinaus liste ich dir hier einige Helfer auf, die du gut gebrauchen kannst, wenn dein Baby am Familientisch mitisst.

Hochstuhl:

In der allerersten Zeit empfiehlt es sich, dein Baby beim Essen auf deinem Schoß sitzen zu lassen. Sobald es allein sitzen kann, kannst du einen Hochstuhl nutzen. Wichtig ist, dass dein Kind ohne Polsterung oder eingerollte Handtücher aufrecht darin sitzt. Beim Kauf eines Hochstuhls solltest du darauf achten, dass er eine Fußstütze hat. Diese gibt deinem Baby Stabilität beim Essen und beim Abhusten. Schaue zudem, ob sich die Fußstütze verstellen lässt, damit dein Baby sie mit den Füßen erreichen kann. Hast du schon einen Hochstuhl ohne Fußbrett zu Hause? Dann kannst du ein Gymnastikband um den Hochstuhl binden und dieses als Fußstütze nutzen. Manche Hochstühle haben ein eigenes Tischchen. Das empfindet mancher anfangs vielleicht als Vorteil, weil dann nicht so viele Dinge auf dem Familientisch liegen. Ich bevorzuge Hochstühle ohne integriertes Tischchen, sodass das Baby direkt mit der Familie am gemeinsamen Tisch essen kann. Beide Varianten sind in Ordnung. Wichtiger ist, dass du dein Kind nie allein lässt: Im Laufe der Zeit wird es immer mobiler und möchte aus dem Hochstuhl klettern. Achte daher auf gute, verstellbare Sicherheitsgurte oder einen Sicherheitsbügel.

Lätzchen:

Es wird gematscht und geschmiert – du wirst überrascht sein, wo sich überall Essensreste finden werden. Da ist ein abwischbares Lätzchen mit langen Ärmeln und einer Auffangtasche ein großer Helfer. Kleiner Tipp: Bevor du deinem Baby einen Nachschlag anbietest, schaue erst einmal in die Lätzchentasche hinein – oftmals findest du noch genügend heruntergefallene Essensreste darin.

Besteck:

In den ersten Beikostmonaten entwickelt dein Baby die Augen-Hand-Mund-Koordination – Essen anschauen, greifen und dann zum Mund führen. Das geschieht ganz natürlich und gehört zur Entwicklung deines Kindes dazu. Das Essen mit Gabel und Löffel ist ein langer Lernprozess. Anfangs schauen Babys ihren Eltern dabei zu und möchten mitmachen. Mit der Zeit verfeinert sich die motorische Entwicklung, sodass dein Baby das Essen mit Besteck üben möchte. Wenn es den Pinzettengriff erlernt hat, wächst meistens sein Interesse an Besteck. Vorher nutzt dein Kind Brotstücke oder andere längliche Nahrungsmittel zum Dippen von Suppen, Brei oder Saucen. Auch das Aufspießen von Lebensmitteln braucht etwas Übung. Ab und zu gelingt

es deinem Baby, das Essen zielgerichtet zum Mund zu führen, aber kurz vor dem Ziel landet es dann doch woanders. Ein mit klebrigen Speisen wie Kartoffelbrei oder Reis beladener Löffel erleichtert anfangs das selbstständige Essen mit Besteck. Ein normaler Teelöffel und eine kleine, nicht allzu spitze Gabel eignen sich sehr gut zum Üben.

Trinkgefäße:
Kleine, unzerbrechliche Trinkbecher oder Schnapsgläser mit einer breiten Öffnung. Siehe Kapitel »Hat dein Baby Durst?« (→ Seite 18).

Essmatten und Teller:
Anfangs reicht es vollkommen aus, wenn dein Baby direkt vom Tisch essen darf. Dafür eignen sich Essmatten aus Silikon, die am Tisch haften. Für einen sicheren Stand gibt es außerdem spezielle Teller, die mit einem Saugnapf oder einer Kunststoffmatte ausgestattet sind. Sie haben den Vorteil, dass sie nicht sofort vom Tisch rutschen. Zudem erleichtert der hohe Rand dieser Saugnapf-Teller es deinem Baby, glitschiges Essen zu greifen oder zu löffeln.

Schutz für den Boden:
Gerne kannst du euren Boden unter dem Hochstuhl vor heruntergefallenem Essen schützen. Zeitungspapier, ein Wachstischtuch oder ein Duschvorhang eignen sich gut dafür.

Küchenhelfer:
Meine Lieblingsküchenhelfer in der Beikostzeit:

- Toaster
- Waffeleisen
- Wellenschnittmesser
- Hochleistungsmixer

Auswärts essen

MIT DEM BREIFREI-BABY

Essen in Restaurants und Cafés oder kleine Ausflüge stellen anfangs oft eine Herausforderung dar – besonders, wenn Babys sich gerade in einer Schmierphase befinden oder alles fallen lassen. Doch das sollte dich nicht davon abhalten, mit deinem Kind essen zu gehen. So bekommt es die Gelegenheit, neue Geschmacksrichtungen kennenzulernen, in Gesellschaft zu essen und andere Umgebungen zu entdecken. Keine Sorge! Mit vorausschauender Planung kannst du Restaurantbesuche stressfrei gestalten. Kleiner Tipp: Checke online schon vorab die Speisekarte! So bekommst du eine Übersicht, welche Gerichte sich für euch eignen. Auf den Speisekarten der meisten Lokale stehen Gerichte, die dein Baby essen darf. Anfangs kannst du ganz einfach und unkompliziert deine eigene Portion mit ihm teilen. Alternativ bestellst du dir zwei kleine Gerichte und genießt sie gemeinsam mit deinem Baby. So gewöhnt es sich auch auswärts an ganze Gerichte – genau wie zu Hause. »Kinderfreundlichen« Speisen werden oftmals viel Salz, Zucker und Zusatzstoffe zugesetzt. Du solltest beim Bestellen der Gerichte um eine salz- und gewürzarme Zubereitung bitten. Oft berücksichtigen Restaurants dieses Anliegen. Sollte es nicht möglich sein, wird dein Kind aber nicht gleich einen Schaden davontragen, solange es eine Ausnahme bleibt. Um immer bestens vorbereitet zu sein, kannst du für den Anfang zusätzlich eine Box mit Snacks für dein Baby mitnehmen.

Meine Tipps

★ Sucht euch ein familienfreundliches Restaurant aus. Es sollte so viel Platz bieten, dass ihr mit eurem Kind aufstehen und etwas hin- und herlaufen könnt, falls es unruhig wird.

★ Wichtig ist gutes Timing: Dein Baby sollte nicht allzu hungrig sein – biete ihm evtl. vor dem Restaurantbesuch noch einen Snack an.

★ Setze dein Kind erst in den Hochstuhl, wenn das Essen serviert wird. Sobald es laufen kann, möchte es bestimmt die Umgebung erkunden.

★ Beschäftige dein Baby zur Überbrückung der Wartezeit mit einem kleinen Spaziergang, Spielzeug oder Buch.

★ Nimm Desinfektionstücher mit, um den Restaurant-Hochstuhl vor und nach der Mahlzeit zu reinigen. Lätzchen, Feuchttücher und Wechselkleidung sind ebenfalls wichtig.

★ Du kannst zusätzlich ein Tischset und/oder Besteck von zu Hause mitnehmen. So kannst du sicherstellen, dass dein Kind von einer sauberen Unterlage isst.

GEEIGNETE SPEISEN
AUS VERSCHIEDENEN KÜCHEN

Italienische Küche

Brot, Nudeln, Pizza, Lasagne, gebackenes Ofengemüse, Gemüserisotto, Gurken-, Tomaten-, Eier- und Mozzarella-Scheiben

Griechische Küche

Brot, Dicke Bohnen, Tomatenreis, Tomaten- und Gurkenscheiben, kaum bls wenig gewürztes Fleisch

Asiatische Küche

Reis, Reisnudeln, Fleisch ohne Sauce, gedünstetes Gemüse

Orientalische Küche

Gurken- und Tomatenscheiben, Pita-Brot mit Hummus, Reis, Couscous-Bällchen, Falafel, Linsen-Dal, Spinat-Börek, Pide

Hausmannskost

Knödel, Frikadellen, Brot, Nudeln, Spätzle, Folienkartoffeln, kaum bis wenig gewürztes Fleisch, Buttergemüse

Außerdem

Rösti, Tapas, Quesadillas, Flammkuchen, Guacamole, French Toast

Der Kochalltag

MIT BABY

Das Tolle an der breifreien Beikost ist, dass du mit wenig Aufwand Mahlzeiten für die ganze Familie zubereitest. Durch vorausschauende Planung und ein gut gefülltes Gefrierfach gelingt es dir, einen entspannten Kochalltag mit deinem Kind zu gestalten. Wie schon erwähnt, ist es deine Aufgabe, deinem Baby ein gesundes und abwechslungsreiches Essen anzubieten. Neben der festen Kost bekommt es weiterhin die Muttermilch oder das Fläschchen.

Meal Prep

Ich koche gerne Hauptmahlzeiten wie Nudeln, Ofengerichte, Bratlinge und Eintöpfe für 2 Tage. Pancakes, Muffins, Waffeln und Wraps bereite ich auch in doppelter Menge zu und friere die Hälfte ein. So habe ich immer etwas fürs Frühstück oder einen Snack für Zwischendurch parat.

Überlegt euch am besten einmal in der Woche (vielleicht gemeinsam mit größeren Geschwistern oder im Kreise der ganzen Familie) einen Essensplan: Legt zusammen fest, welche Gerichte ihr essen möchtet – so spart ihr Zeit und Geld, weil Spontaneinkäufe entfallen. Mit einem Meal Plan fällt es auch leichter sich abwechslungreich und gesund zu ernähren.

Mein Tipp

★ Plane ein- bis zweimal in der Woche eine Einladung zum »Kaffee-Meal-Prep-Tag«. Während sich Oma, Opa oder ein*e Freund*in ums Baby kümmert, kannst du entspannt vorkochen. Und wenn ihr hinterher zusammen mit deinem Baby esst, können sich auch deine Gäste davon überzeugen, wie gut Baby-led Weaning funktioniert.

So kannst du dein Kind beim Kochen einbinden

Kennst du es auch, dass dein Baby beim Kochen quengelt, getragen werden möchte oder lieber mit dir spielen mag? Du bist gestresst und willst am liebsten nur 20 Minuten in Ruhe kochen? Ich gebe zu: Es kann eine echte Herausforderung sein.

Meine Tipps

★ Nimm dein Kind beim Kochen in einem Tragetuch oder einer Babytrage mit. Besonders, wenn du es auf deinen Rücken bindest, hast du freie Hände zum Zubereiten der Speisen.

★ Lege eine Kuscheldecke auf den Boden und gib deinem Baby eine Greifkiste mit Küchenutensilien wie Schneebesen, Topf, Holzkochlöffel oder Gefrierdosen zum Spielen.

★ Babys, die schon im Hochstuhl sitzen, schauen gerne von dort aus zu, was Mama oder Papa kocht. Dabei können sie mit Bechern, Schneebesen und anderem »babyfreundlichen« Küchenzubehör spielen.

★ An manchen Tagen möchte dein Baby nur auf dem Arm getragen werden. Dann helfen einfache Gerichte, die du einhändig kochen kannst. Vielleicht planst du schon so gut im Voraus, dass du noch Essensreste vom Vortag übrig hast, oder dein gut gefülltes Gefrierfach rettet den Kochalltag mit deinem Tragling-Baby.

Extra-Tipp: Erzähle beim Kochen! Dein Baby wird es lieben, wenn du ihm erklärst, was du kochst und wie du die Mahlzeiten zubereitest. Du förderst damit die Sprachentwicklung und

»ES IST INTERESSANT, WAS MEINE ELTERN BEIM KOCHEN SO ALLES VERWENDEN!«

dein Baby lernt auch, dass das Kochen zum Familienalltag dazugehört – wie eine Art Ritual. Es weiß dann, dass es demnächst etwas zu essen gibt. Außerdem duftet es lecker, und das Sehen und Riechen regt den Appetit deines Babys an.

Sobald dein Kind auf einem Hocker oder Lernturm stehen kann, wirst du überrascht sein, wie gerne es dir beim Kochen helfen möchte. Gemüse abwaschen, Teig mit einem Schneebesen rühren, Basilikumblätter abzupfen, Müsli in Aufbewahrungsboxen füllen, Bananen schälen und zerdrücken, mit ein bisschen Unterstützung Brotscheiben bestreichen, Glaskonserven zuschrauben und viele andere kleine Aufgaben bieten sich als Beschäftigung beim Kochen an. Das für uns Einfachste und Banalste ist für dein Baby ein Abenteuer – nicht nur beim Kochen.

Wie oft sollst du deinem Kind Essen anbieten?

Da is(s)t jedes Baby anders. Außerdem hat jede Familie einen anderen Tages- und Essensrhythmus. Mein Rat: Lass dein Kind jedes Mal dabei sein, wenn es wach ist und du selbst isst. Eventuell stillst du es vorher oder gibst ihm ein Fläschchen, damit es entspannt ist. Außerdem empfiehlt es sich, kleinere Mahlzeiten oder Zwischensnacks einzuplanen, da Babys lieber mehrere kleine Portionen über den Tag verteilt essen als drei große. Gehe auf die Bedürfnisse deines Kindes ein, denn es gibt keine festgelegten Mengenangaben. Es nimmt sich aus dem Angebot, was und wie viel es braucht.

Meine Tipps

★ Plane für die Mahlzeiten ausreichend Zeit ein. So gibst du deinem Baby die Gelegenheit zum Ausprobieren und selbstständigen Essen. Auf diese Weise entwickelt es seine motorischen Fähigkeiten und trainiert den sicheren Umgang mit Lebensmitteln.

★ Dein Baby lernt durch Nachahmung: Es schaut dir beim Essen zu und möchte dich widerspiegeln. Versuche daher, möglichst die gleichen Speisen zu essen wie dein Kind.

★ Anfangs ist es von Vorteil, wenn du deinem Baby erst mal nur wenige Lebensmittel zur Auswahl anbietest: Zu viele neue Eindrücke auf einmal könnten es abschrecken. Außerdem

vermeidest du so, dass zu viel Essen auf dem Boden landet. Halte trotzdem einen Nachschlag bereit, falls dein Kind doch noch mehr essen möchte. Biete deinem Baby, über den Tag verteilt, mehrere kleine nahrhafte und kalorienreiche Mahlzeiten an. So lernt es, neben den wachsenden motorischen Fähigkeiten, dass es von den angebotenen Speisen satt wird. Anfangs wird dein Baby das Essen erforschen wollen. Das darf es, denn Essen ist auch ein Lernprozess. Dein Baby wird in seinem eigenen Tempo nach und nach immer mehr essen. Bleibe entspannt – ohne feste Pläne und Mengenangaben kannst du BLW zu jeder Tageszeit beginnen. Die Muttermilch oder Pre-Nahrung sorgt in der Beikostzeit dafür, dass dein Baby gut gesättigt ist und weiterhin wichtige Nährstoffe neben der festen Kost zu sich nimmt.

IDEEN
FÜR EINEN BEISPIEL-TAG

Frühstück Superlecker am Morgen sind die Apfel-Kokos-Waffeln (→ Seite 59). Sie lassen sich sehr gut einfrieren und zum Frühstück im Toaster auftauen. Schneide sie deinem Baby in Streifen. Dazu kannst du ihm etwas Joghurt oder Nussmus als Dip anbieten. Reifes bzw. gedünstetes Obst oder Avocadostreifen eignen sich gut als Beilage.

Vormittagssnack Ideal sind hart gekochtes Ei, Banane, Brotstreifen, Gurken-Sticks, Apfel-Knabberstangen (→ Seite 118) oder ungesalzene Maiswaffeln.

Mittagessen Hierfür eignen sich gedünstetes Gemüse oder Nudeln mit einer Avocadocreme und gekochtes Fleisch oder Fisch. Die Polenta-Brokkoli-Schnitten (→ Seite 71) sind fix zubereitet, als Beilage schmecken selbst gemachter Hummus, Frischkäsebrot oder gedünstete Möhren sehr gut dazu.

Nachmittagssnack Du kannst eine Obstplatte mit Kiwi und längst geviertelten Trauben oder reifes Obst wie Apfel, Birne und Nektarine anbieten. Dazu Bananen-Kekse (→ Seite 108).

Abendessen Dabei kannst du die Reste vom Mittagessen verwerten – oder du bereitest einen Spinat-French-Toast zu (→ Seite 89). Als Beilage könnt ihr Ofengemüse oder Gurkensalat essen. Schneide die Gurke ohne Schale für dein Baby in Sticks.

7 Fragen

FÜR ENTSPANNTE ELTERN

Ziel der Beikost ist nicht, dass dein Baby alles aufisst, sondern dass es so viel zu sich nimmt, wie es braucht. Dein Baby mag nicht essen? Gerade bei der breifreien Beikost nehmen die meisten Babys anfangs oft wenig Nahrung zu sich – erst später, mit etwas Übung und Erfahrung, essen sie größere Portionen. Häufig bereitet dieses Thema den Eltern große Sorgen. Wie viel sollte mein Baby essen? Warum isst es nur so wenig?

Die Antwort ist einfach: Bleib geduldig! Mit Druck und Zwang funktioniert es nicht. Dein Kind isst, wenn es Hunger hat, und entscheidet selbst, was und wie viel es braucht. Außerdem geht es beim Essen zu Beginn der Beikostzeit viel mehr ums Erforschen als darum, satt zu werden. Voraussetzung ist, dass du ein abwechslungsreiches Familienessen anbietest.

Im 1. Jahr ernährt sich dein Baby primär über die Muttermilch oder Pre-Nahrung. Die Beikost soll die Milchmahlzeiten nicht ersetzen, sondern nur ergänzen. Ist dein Kind in der Beikostzeit glücklich, nimmt es zu und entwickelt seine Fähigkeiten, brauchst du dir keine Sorgen zu machen. Verliert es dagegen an Gewicht oder zeigt andere auffällige Symptome, solltest du eine*n Kinderärzt*in aufsuchen. Oftmals hilft es, sich selbst als Eltern zu hinterfragen – mich hat es jedenfalls manchmal beruhigt, wenn ich verstand, warum mein Kind gerade nicht essen mochte. Jedes Baby ist anders und hat individuelle Bedürfnisse, es mit anderen Babys zu vergleichen, macht nur Stress.

Folgende Fragen kannst du dir stellen:

1. Strahle ich beim Essen eine ruhige und positive Einstellung aus?
2. Verfolge ich eine Routine im Alltag mit Baby und haben wir Essensrituale?
3. Esse ich/essen wir als Familie gemeinsam mit dem Baby?
4. Biete ich ein gesundes und abwechslungsreiches Familienessen an?
5. Darf mein Baby so essen, wie es möchte, darf es kleckern und die Lebensmittel mit den Händen greifen?
6. Isst mein Kind in seinem eigenen Tempo?
7. Braucht mein Baby nur so viel zu essen, wie es möchte – ohne Zwang und Druck?

DR. NIKOLA KLÜN ERKLÄRT

Solltest du keine Dynamik im Essverhalten deines Kindes bemerken, würgt oder erbricht es, nimmt es ab oder wächst nicht innerhalb seiner Perzentile, solltest du sicherheitshalber mit deiner*deinem Kinderärzt*in Rücksprache halten.

REZEPTE

BEiKOST für kleine Genießer

FAMILIENTISCHLEIN DECK DICH – NUN IST ES SO WEIT, JETZT WIRD ENTSPANNT LECKERES FÜR DIE GANZE FAMILIE GEKOCHT, MIT FREUDE NEUES ENTDECKT UND MIT LIEBE GEMEINSAM ESSEN GETEILT.

BABYGERECHT LEBENSMITTEL ANBIETEN

Das Prinzip von Baby-led Weaning ist, dass dein Baby verschiedene Lebensmittel in ihrer natürlichen Form kennenlernt. Es greift und erkundet sie mit allen Sinnen. Selbstständig zu essen, erfordert volle Konzentration. Das Baby könnte dabei ungeduldig werden und aus Frustration alles auf den Boden fallen lassen. Sollte es zu hungrig oder quengelig sein, ziehe am besten eine Milchmahlzeit vor. Frustration entsteht auch, wenn dein Baby Lebensmittel nicht greifen kann. Biete deshalb anfangs geeignete, in Streifen geschnittene Speisen an. Dazu schneidest du sie am besten in etwa 7 cm lange und 1-2 cm breite Streifen. Obst und Gemüse, das du mit Schale als »Haltegriff« anbietest, sollte schon aus diesem Grund Bio-Qualität haben, weil dein Baby sicher mal in die Schale hineinbeißen wird. Sobald es geübter ist und den Pinzettengriff beherrscht, kannst du die Speisen in mundgerechten Stückchen anbieten. Nehmen wir Brot als Beispiel: Ab Beikoststart bietest du Brot zunächst als Sticks bzw. Streifen an, ab Beherrschen des Pinzettengriffs schneidest du es in kleine Würfel.

Lebensmittel verfeinern

Ein guter Trick, um »glitschige« Lebensmittel wie Kiwi, Banane und Avocado besser greifen zu können: Peppe sie mit Toppings auf! Rolle sie einfach in gemahlenen Mandeln oder Haferflocken, gemahlenen Leinsamen, Chiasamen oder feinen Kokosraspeln oder paniere sie. Das Gute dabei: Dein Baby nimmt auf diese Weise noch eine Extraportion Nährstoffe auf.

Einige Starter-Lebensmittel für die Anfangszeit

- **Gedünstetes oder im Ofen gebackenes Gemüse wie Kartoffeln, Möhren, Süßkartoffeln, Kürbis und Zucchini** – alles in lange Streifen schneiden
- **Brokkoli- und Blumenkohlröschen** – dein Baby kann sie am Stiel gut greifen
- **Brot/Toast/Naanbrot/Fladenbrot/Wrap** – toasten, in Streifen schneiden und mit nahrhaften Aufstrichen bestreichen (→ Seite 68-69: Aufstriche & Dips)
- **Banane** – mit der Schale als Haltegriff oder in Drittel geschnitten anbieten
- **Obst** – zum Beispiel Apfel, Birne, Nektarine und Pfirsich, anfangs gedünstet als Sticks anbieten
- **Avocado** – in Streifen schneiden. Damit dein Baby die Avocado nicht sofort zerdrückt, empfiehlt es sich, die Schale für einen besseren Halt nicht zu entfernen
- **Gegartes Hähnchenfleisch** – in Streifen schneiden, als selbst gemachte Chicken Nuggets oder Mini-Schnitzel anbieten. Babys essen auch gerne direkt vom Schenkelknochen (Haut entfernen). Dabei bitte auf Knorpel und Knochensplitter achten
- **Lamm, Schwein und Rindfleisch** – in Streifen schneiden
- **Fisch** – pur gegart in Streifen schneiden oder Fischstäbchen selbst zubereiten
- **Pancakes, Bratlinge, Frikadellen und Puffer** – in Streifen schneiden
- **Waffeln** – in Streifen anbieten
- **Salatgurke** – roh und ggf. geschält in Sticks schneiden
- **Haferbrei/Porridge** – selbstständig löffeln oder mit den Händchen essen lassen
- **Joghurt** – selbstständig löffeln oder aus dem Joghurtbecher trinken lassen
- **Suppen, Saucen und Dips** – löffeln oder mit Brot-Sticks, Nudeln oder Dinkelstangen auftunken lassen
- **Nudeln** – Fusilli, Penne und Rigatoni oder große Muschelnudeln
- **Reis** – Klebreis wie Jasminreis, Milchreis und Basmati als Bratling oder zu Bällchen geformt anbieten
- **Blaubeeren** – zerdrücken oder je nach Größe halbieren oder vierteln
- **Trauben und Cocktailtomaten** – je nach Größe der Länge nach mindestens vierteln
- **Mais und Erbsen** – ab Beherrschen des Pinzettengriffs geeignet
- **Nüsse** – nur in gemahlener Form oder als Mus anbieten
- **Durchgegarte Eier** – als Omelett-Streifen oder -Röllchen anbieten, oder French Toast-Sticks (→ S. 89) der Länge nach geviertelt

RESTE-VERWERTUNG
GANZ EINFACH

An dieser Stelle nenne ich dir einige Tipps und Rezeptbeispiele, wie du aus Essensresten ein weiteres tolles Gericht zubereiten kannst. Denn es wird sehr oft vorkommen, dass dein Baby nicht alles aufessen möchte – dies ist gerade in der Anfangszeit völlig normal. Die Beikost soll dein Kind nicht sättigen, sondern liefert nur als Ergänzung zu Muttermilch oder Pre-Nahrung weitere Nährstoffe. Dein Baby erforscht das Familienessen mit Freude und Spaß. Es spuckt viele Lebensmittel aus, schmiert damit herum, wirft sie auf den Boden – oder lässt sie einfach unberührt. Wie kannst du also die Reste verwerten oder aufbewahren?

BEISPIELE

Pancakes, Bratlinge & Co.

Pancakes, Bratlinge, Frikadellen, Waffeln und trockene Backwaren wie Muffins und Kuchen kannst du in einer luftdichten Box 2 Tage lang gut im Kühlschrank aufbewahren oder einfrieren. Wenn du vor dem Einfrieren Backpapier dazwischen legst, bleiben sie später nicht aneinander kleben und lassen sich so leichter entnehmen. Im Tiefkühlfach beträgt ihre Haltbarkeit 3 Monate.

Reisreste

Reisreste eignen sich gut, um daraus mit Gemüse und Ei Bratlinge zuzubereiten. Gekochter Reis hält 2 Tage im Kühlschrank oder 1 Monat im Tiefkühlfach.

Saucen- und Suppenreste

Saucen- und Suppenreste kannst du in eine Eiswürfelform füllen und einfrieren. So hast du immer einen Vorrat an Nudelsaucen parat. Ja, richtig gelesen, auch die Suppenreste verwende ich als Nudelsauce!

Reifes Obst und Gemüse

Reifes Obst und Gemüse lassen sich sehr gut zu süßen oder herzhaften Muffins, Pancakes oder Waffeln verarbeiten. Reife Bananen kannst du in Scheiben einfrieren und anschließend daraus einen Smoothie oder Nicecream machen (→ Seite 117).

Kartoffelreste

Aus vorgekochten Kartoffeln kannst du leckere Kartoffel-Waffeln oder Bratlinge zubereiten. Dazu einfach die Kartoffeln stampfen, Ei und Mehl hinzugeben, evtl. noch Restgemüse wie Brokkoli untermischen »et voilà!« - deine Kartoffel-Brokkoli-Bratlinge müssen nur noch gebraten oder im Waffeleisen gebacken werden. Als Alternative für Kartoffelreste bietet sich eine Tortilla an (Omelett mit Kartoffeln und Zucchini). Im Kühlschrank kannst du vorgekochte Kartoffeln 3 Tage lang aufbewahren, dazu sollten sie ohne Kondenswasser sein.

Nudelreste

Aus Nudelresten mit und ohne Sauce kannst du viele Gerichte zubereiten: Zum Beispiel Auflauf, Salat, mit Ei aus der Pfanne, in Suppen oder als Ofen-Frittata. Nudelreste oder Nudelgerichte ohne Fleisch oder Fisch lassen sich maximal 3 Tage im Kühlschrank aufbewahren. Portionsweise kannst du Nudelgerichte mit Saucen in luftdicht schließenden Gefrierdosen bis zu 3 Monate lang einfrieren.

AUFBEWAHRUNG

Die allermeisten Speisen aus diesem Buch kannst du bis zu 3 Monate einfrieren. Lasse sie vor dem Einfrieren unbedingt komplett auskühlen und verschließe sie ohne Kondenswasser luftdicht in einer Gefrierdose.
Gerichte mit rohen Eiern, Sahne, Joghurt oder Weichkäse solltest du nicht einfrieren, ebenso wenig Lebensmittel mit einem hohen Wassergehalt wie Gurken, Tomaten und Salat.

VARIANTE

Statt Apfel kannst du auch Banane und Blaubeeren nehmen, was auch sehr lecker ist!

DIESE FLAPJACKS SIND EINS DER REZEPT-HIGHLIGHTS MEINER COMMUNITY. ES GIBT KEIN ANDERES REZEPT, DAS SO OFT NACHGEBACKEN WURDE WIE DIESES!

Porridge-FLAPJACKS

ZUTATEN (ergibt 10–12 Stück) 15 Min. + 20 Min. Backen

1 Apfel
2 EL Apfelmark
50 g gemahlene Mandeln
120 g zarte Haferflocken
150 ml Milch
½ TL gemahlener Ceylon-Zimt
1 Prise gemahlene Vanille
Butter für die Form
1 TL Mandelmus

ZUBEREITUNG

★ Den Backofen auf 180 °C (Ober-/Unterhitze) vorheizen.

★ Den Apfel schälen, vierteln, vom Kerngehäuse befreien und raspeln.

★ Apfelraspel, -mark, Mandeln, Haferflocken, Milch, Zimt und Vanille in einer Schüssel gut miteinander verrühren.

★ Eine Auflaufform (25 x 17 cm) mit Butter fetten und den Teig darin glatt streichen. Danach das Mandelmus als Topping darüber verteilen. Im Ofen 20 bis 25 Minuten backen.

★ Nach dem Backen gut auskühlen lassen, dann lassen sich die Porridge-Flapjacks gut schneiden.

DIESES BANANEN-MANDEL-BROT IST EIN ECHTER LECKERBISSEN. ES IST GANZ EINFACH ZUBEREITET UND EINE TOLLE FRÜHSTÜCKS- ODER SNACKIDEE.

Bananen-MANDEL-BROT

ZUTATEN (ergibt 10–12 Scheiben) 15 Min. + 45 Min. Backen

3 reife Bananen
2 EL Mandelmus
1 Ei (oder Ei-Ersatz, siehe Seite 119)
Mark von 1 Vanilleschote
4 EL Rapsöl
200 g Dinkelmehl Type 630
100 g gemahlene Mandeln
1 Pck. Weinsteinbackpulver
Butter für die Form

ZUBEREITUNG

★ Den Backofen auf 180 °C (Ober-/Unterhitze) vorheizen.

★ Inzwischen 2 Bananen schälen, in einer Schüssel mithilfe einer Gabel zerdrücken und mit 1 EL Mandelmus verrühren.

★ Ei, Vanille und Öl hinzufügen und gut verrühren.

★ Mehl, Mandeln und Backpulver in einer anderen Schüssel miteinander vermengen.

★ Mehlmischung nach und nach zu den anderen Zutaten geben und mit dem Handrührgerät verrühren.

★ Eine Kastenform (26–30 cm Länge) mit Butter einfetten und den Bananenteig hineingeben.

★ Dann das restliche Mandelmus darüberträufeln. Die restliche Banane schälen, längs halbieren und leicht in den Teig drücken. Das Bananen-Mandel-Brot etwa 45 Minuten backen.

TIPP

Ich friere einige Scheiben immer auf Vorrat ein, so rettet es meinen Tag, wenn es morgens schnell gehen muss. Die Brotscheiben lassen sich gut im Toaster auftauen.

TIPP

Schneide für dein Baby die Pancakes anfangs in Streifen.

DIESE FEINEN PANCAKES SIND WUNDERBAR FÜR KLEINE ESSER GEEIGNET. PANCAKES GEHÖREN AUßERDEM AUCH ZU DEN BELIEBTESTEN BREIFREI-REZEPTEN MEINER COMMUNITY.

BIRNEN-Joghurt-PANCAKES

ZUTATEN (ergibt ca. 6 Stück) 20 Min.

1 reife Birne
1 Ei
65 g Naturjoghurt
1 Msp. Vanillemark
1 EL gemahlene Walnüsse
85 g Dinkelmehl Type 630
1 ½ TL Weinsteinbackpulver
Kokosöl zum Backen

ZUBEREITUNG

★ Birne schälen, längs halbieren, das Kerngehäuse entfernen und das Fruchtfleisch fein raspeln.

★ Ei und Naturjoghurt miteinander verrühren. Anschließend die geraspelte Birne, das Vanillemark und die Walnüsse unterrühren.

★ Zuletzt Dinkelmehl und Backpulver hinzugeben. Alles miteinander gut verrühren, sodass keine Klümpchen entstehen.

★ Etwas Kokosöl in einer Pfanne bei mittlerer Temperatur zerlassen. Je 1 EL Teig pro Pancake hineingeben und von beiden Seiten goldbraun backen.

DIES WAREN DIE ERSTEN PANCAKES, DIE MEINE TOCHTER AB BEIKOSTSTART PROBIERTE. SIE WAR VON ANFANG AN BEGEISTERT UND VERSPEISTE SIE IN WENIGEN MINUTEN MIT VIEL FREUDE!

BANANEN-Blaubeer-PANCAKES

ZUTATEN (ergibt 6-8 Stück) 15 Min.

2 kleine reife Bananen
1 Handvoll Blaubeeren
50 g Dinkelmehl Type 630
1 EL gemahlene Mandeln
1 Prise gemahlene Vanille
Kokosöl zum Backen

ZUBEREITUNG

★ Bananen schälen und mit einer Gabel zerdrücken.

★ Blaubeeren verlesen, in einem Sieb abbrausen, abtropfen lassen und je nach Größe halbieren oder vierteln.

★ Mehl, Mandeln, Vanille und Bananenmus in einer Schüssel verrühren.

★ Anschließend die Blaubeeren vorsichtig unter den Bananenteig ziehen.

★ Etwas Kokosöl in eine Pfanne bei mittlerer Temperatur zerlassen. Je 1 EL Teig pro Pancake hineingeben und von beiden Seiten goldbraun backen.

TIPP

Schneide für dein Baby die Pancakes anfangs in Streifen.

TIPP

Schneide für dein Baby die Waffeln anfangs in Streifen und biete etwas Apfelmark zum Dippen an.

DIESE LECKEREN UND GESUNDEN WAFFELN EIGNEN SICH SUPERGUT DURCH IHRE WUNDERBARE TEXTUR FÜR KLEINE ESSER AB BEIKOSTSTART. SIE SIND UNGLAUBLICH LECKER UND VIELSEITIG!

BELGISCHE Apfel-Kokos-WAFFELN

ZUTATEN (ergibt 4–6 Stück) 20 Min.

2 kleine süße Äpfel
2 Eier (oder Ei-Ersatz, siehe Seite 119)
90 g Apfelmark
2 EL Kokosraspel
200 g Dinkelmehl Type 630
2 TL Weinsteinbackpulver
1 Prise gemahlene Vanille
1 Prise Ceylon-Zimt
300 ml Milch
20 ml Mineralwasser
ggf. Kokosöl für das Waffeleisen

ZUBEREITUNG

★ Äpfel schälen, vierteln, das Kerngehäuse entfernen und das Fruchtfleisch grob raspeln.

★ Die Apfelraspel danach in einer Schüssel mit Eiern, Apfelmark und Kokosraspeln verrühren.

★ In einer zweiten Schüssel Mehl mit Backpulver, Vanille, Zimt, Milch und Wasser gründlich verrühren.

★ Anschließend die Ei-Apfel-Mischung unter die Mehl-Milch-Mischung rühren.

★ Ein Belgisches (oder anderes) Waffeleisen vorheizen und ggf. mit Kokosöl einfetten. Den Teig darin portionsweise zu Waffeln ausbacken.

AUS WENIGEN ZUTATEN LASSEN SICH DIESE LECKEREN UND GESUNDEN MILCHREISSCHNITTEN ZUBEREITEN. AM LIEBSTEN ESSEN WIR SIE ZUSÄTZLICH MIT MANDELMUS ALS TOPPING.

Milchreisschnitten
MIT WALNUSS-TOPPING

ZUTATEN (ergibt ca. 12 Stück) 20 Min. + 40 Min. Garen/Backen

500 ml Milch
250 g Milchreis
½ TL gemahlene Vanille
1 Birne
2 EL gemahlene Walnüsse (alternativ Mandeln oder Kokosraspel)

ZUBEREITUNG

★ Die Milch in einem Topf aufkochen lassen. Anschließend Milchreis und Vanille dazugeben und einmal kurz aufkochen lassen. Dann bei kleinster Hitze etwa 20 Minuten köcheln lassen, dabei oft umrühren.

★ Inzwischen den Backofen auf 170 °C (Ober-/Unterhitze) vorheizen. Die Birne schälen, das Kerngehäuse entfernen und das Fruchtfleisch raspeln. Dann unter den Milchreis rühren.

★ Topf vom Herd nehmen und den Milchreis noch 10 Minuten quellen lassen.

★ Danach den Milchreis etwa 1 cm hoch auf ein mit Backpapier ausgelegtes Backblech (oder in eine Auflaufform) streichen.

★ Walnüsse über den Milchreis streuen und den Milchreis etwa. 20 Minuten backen.

★ Nach der Backzeit Milchreis gut auskühlen lassen. Anschließend in Schnitten schneiden.

DER GRIEẞTEIG LÄSST SICH NICHT NUR ZU SCHNITTEN, SONDERN AUCH ZU BÄLLCHEN ODER PLÄTZCHEN FORMEN. BEREITE SIE SCHON AM ABEND VOR, SO IST DAS FRÜHSTÜCK SCHNELL FERTIG.

VANILLE-Grießschnitten MIT BLAUBEEREN

ZUTATEN (ergibt ca. 12 Stück) 20 Min. + 20 Min. Garen/Backen

250 ml Milch
Mark von ½ Vanilleschote
70 g Dinkelgrieß
1 Handvoll Blaubeeren
1 EL gemahlene Mandeln

ZUBEREITUNG

★ Den Backofen auf 150 °C (Ober-/Unterhitze) vorheizen.

★ Die Milch mit dem Vanillemark in einem Topf kurz aufkochen lassen. Danach den Grieß einrieseln lassen, bei kleinster Hitze unter Rühren etwa 3 Minuten köcheln lassen.

★ Ein Backblech mit Backpapier auslegen und die Grießmasse etwa 1 cm hoch darauf ausstreichen.

★ Die Blaubeeren verlesen, in einem Sieb abbrausen und abtropfen lassen. Je nach Größe halbieren und auf dem Grieß verteilen, dann leicht in die Grießmasse drücken.

★ Mandeln drüberstreuen und die Grießmasse 15 bis 20 Minuten backen. Danach gut auskühlen lassen und in Schnitten schneiden.

SCHNELL ZUBEREITET, EINFACH UND GESUND - SOLCHE REZEPTE SIND IM FAMILIENALLTAG SEHR HILFREICH! DESHALB LIEBEN WIR DIESES EXTREM KÖSTLICHE BIRCHER MÜSLI.

Bircher MÜSLI

GUT GEÜBT

ZUTATEN (ergibt 2 kleine Portionen)

150 g Naturjoghurt
4 EL zarte Haferflocken
1 EL gemahlene Walnüsse
1 Handvoll kernlose grüne Trauben
1 TL Rosinen

ZUBEREITUNG 5 Min.

★ Joghurt mit den Haferflocken und Nüssen in einer Schale verrühren.

★ Die Trauben waschen und vierteln. Mit den Rosinen unter die Joghurtmischung ziehen.

TIPP
Dem Baby ab Beikoststart Brotsticks zum Tunken dazu anbieten.

EINES DER BELIEBTESTEN UND ERSTEN REZEPTE IN DER BEIKOSTZEIT MEINER TOCHTER - BROTSTREIFEN MIT AVOCADO ODER BANANEN-MANDEL-MUS. MACHT SATT UND GLÜCKLICH!

Frühstücks-TELLER

ZUTATEN (ergibt 2 große Portionen)

½ reife Avocado oder
½ Banane und 1 TL Mandelmus
2 Brotscheiben ohne Rinde
1 kleine Banane
1 TL Erdnussmus
ein paar Kokosraspel

ZUBEREITUNG 10 Min.

★ Das Avocadofruchtfleisch aus der Schale lösen, mit einer Gabel zerdrücken. Alternativ die Banane mit einer Gabel zerdrücken und mit dem Mandelmus verrühren. Avocado- bzw. Bananenmus auf die Brotscheiben streichen. Brote anschließend in Streifen schneiden.

★ Banane schälen und dritteln, dann mit Erdnussmus bestreichen und mit Kokosraspeln bestreuen. Zu den Brot-Sticks servieren.

TIPP

Babys einen »beladenen« Löffel davon anbieten oder mit den Händen essen lassen. Als Beilage schmeckt die Bananen-Nicecream dazu (siehe Seite 117).

DAS PERFEKTE FRÜHSTÜCK UND DIE IDEALE RESTEVERWERTUNG FÜR ÜBRIG GEBLIEBENES TROCKENES BROT.

Süßer BROTAUFLAUF

ZUTATEN (ergibt 5 große Portionen) 15 Min. + 25 Min. Backen

- 4–5 Scheiben Dinkel-Toastbrot oder Brotreste
- 100 g Himbeeren (oder Blaubeeren)
- 2 reife Bananen
- 1–2 Eier (oder Ei-Ersatz, siehe Seite 119)
- 200 ml Milch
- Butter für die Form

ZUBEREITUNG

★ Den Backofen auf 180 °C (Ober-/Unterhitze) vorheizen.

★ Das Toastbrot bzw. die Brotreste in mundgerechte Würfel schneiden.

★ Die Beeren verlesen, in einem Sieb abbrausen und abtropfen lassen. Bananen schälen und mit einer Gabel zerdrücken.

★ Die Eier mit der Milch in einem hohen Rührbecher verquirlen.

★ Eine Auflaufform (25 x 17 cm) mit Butter einfetten. Anschließend die Brotwürfel, Beeren und Bananen in die Auflaufform füllen.

★ Danach die Ei-Milch-Mischung hinzugeben und alles miteinander vermischen. Den Auflauf etwa 25 Minuten backen.

MEDITERRANER Auberginen-DIP

ZUBEREITUNG
(ergibt 3–4 große Portionen)
20 Min. + 40 Min. Backen

Ofen auf 180 °C (Umluft) vorheizen. Backblech mit Backpapier auslegen. **1 Aubergine (ca. 400 g)** waschen und längs halbieren, mit **1 EL Olivenöl** bepinseln. Auf das Backblech legen und 40–45 Min. backen, nach 20 Min. mit Alufolie abdecken. **4 Tomaten** waschen, vierteln und die Stielansätze entfernen. **1 Handvoll Basilikumblätter** waschen, trocken tupfen und beides mit **1 EL Pinienkernen**, **etwas Knoblauchpulver**, **1 EL Olivenöl** und **1 EL Zitronensaft** in einen Standmixer oder hohen Rührbecher füllen. Aubergine etwas abkühlen lassen. Fruchtfleisch herauslösen, zur Tomatenmischung geben und alles mit dem Stand- oder Stabmixer cremig pürieren. Passt super zu Ofengemüse oder Naanbrot.

SCHNELLER Erbsendip

ZUBEREITUNG
(ergibt 3–4 große Portionen)
5 Min. + 5 Min. Garen + 10 Min. Abkühlen

250 g TK-Erbsen in einen kleinen Topf geben, mit Wasser bedecken und einmal aufkochen, dann etwa 5 Min. leise köcheln lassen. In ein Sieb abgießen, kalt abschrecken und etwa 10 Min. abkühlen lassen. **Mit 100 g Naturjoghurt**, **1 EL Olivenöl** und **1 EL Zitronensaft** im Standmixer oder mit dem Stabmixer fein pürieren. Dieser erfrischende Erbsendip passt sehr gut zu Fischgerichten wie dem auf Seite 101.

PAPRIKA-Kidneybohnen-DIP

ZUBEREITUNG

(ergibt 3–4 große Portionen) 20 Min.

1 Paprikaschote längs halbieren, entkernen, waschen und in kleine Würfel schneiden. **1 rote Zwiebel** schälen und in kleine Würfel schneiden. **1 EL Olivenöl** in einem kleinen Topf erhitzen. Paprika- und Zwiebelwürfel darin etwa 4 Min. andünsten. Abkühlen lassen. **60 g Kidneybohnen (aus dem Glas)** in ein Sieb abgießen, kalt abbrausen und abtropfen lassen. Mit der Paprika-Zwiebel-Mischung, **1 EL Zitronensaft**, **1 EL Olivenöl**, **1 TL TK-Petersilie** und etwas **Knoblauchpulver** im Standmixer oder in einem hohen Rührbecher mit dem Stabmixer pürieren. Der Dip passt super zu Fleischgerichten.

MÖHREN-Kichererbsen-AUFSTRICH

ZUBEREITUNG

(ergibt ca. 4 große Portionen)
10 Min. + 8 Min. Garen

150 g Möhren putzen, schälen und in kleine Stücke schneiden. Mit wenig Wasser in einen Topf geben und zugedeckt etwa 8 Min. garen. Danach etwas abkühlen lassen. **180 g Kichererbsen (aus dem Glas)** in ein Sieb abgießen, kalt abbrausen und abtropfen lassen. Mit den **Möhren**, **1 EL Olivenöl** und **1 TL Zitronensaft** in einem Standmixer oder in einem hohen Rührbecher mit dem Stabmixer fein pürieren. Passt sehr gut zum Ofengemüse (siehe Seite 79).

VARIANTE

Ersetze die Milch durch ungesalzene Gemüsebrühe oder Wasser. Den Parmesan kannst du durch gemahlene Mandeln ersetzen.

DIESE POLENTA-SCHNITTEN GEHÖREN ZU DEN LIEBLINGS-MITTAG-ESSEN MEINER COMMUNITY. MAN KANN SIE SCHON AM VORABEND ZUBEREITEN UND AM NÄCHSTEN TAG IN DER PFANNE KNUSPRIG BACKEN.

Polenta-BROKKOLI-Schnitten

ZUTATEN (ergibt 12 Stück) 50 Min. + 10 Min. Garen

70 g Brokkoliröschen
400 ml Milch
200 ml Wasser
160 g Polenta (Maisgrieß)
1 TL geriebener Parmesan
Butter oder Rapsöl zum Braten

ZUBEREITUNG

★ Brokkoliröschen waschen und etwa 8 Minuten im Dampfgarer oder in wenig Wasser in einem Topf dünsten.

★ Die Milch in einem Topf kurz aufkochen lassen, anschließend Wasser und Maisgrieß dazugeben. Bei mittlerer Hitze so lange köcheln lassen, bis die Masse eine breiige Konsistenz hat, dabei oft umrühren.

★ Brokkoliröschen stampfen oder ganz fein schneiden und mit dem Parmesan unter die Polenta rühren.

★ Polenta auf Backpapier gleichmäßig glatt ausstreichen. Anschließend abkühlen lassen.

★ Polenta in Schnitten oder beliebige Formen schneiden. Die Butter bzw. das Rapsöl in einer Pfanne erhitzen und die Polentaschnitten darin von beiden Seiten goldbraun anbraten.

DIESES REZEPT STAMMT URSPRÜNGLICH AUS OMAS KÜCHE - SEHR KÖSTLICH UND EINFACH ZUBEREITET. MEINE KLEINE LIEBTE ES, DIE FUSILLI IN DIE CREMIGE SAUCE ZU TUNKEN.

CREMIGE Erbsen-Ricotta-PASTA

ZUTATEN (ergibt 3–4 große Portionen) 25 Min.

350 g Vollkorn-Fusilli
1 Zwiebel
1 EL Olivenöl
300 g TK-Erbsen
1 Handvoll frische Basilikumblätter
100 g Ricotta

ZUBEREITUNG

★ Nudeln nach Packungsangabe in Wasser garen.

★ Zwiebel schälen und in kleine Würfel schneiden. Das Öl in einer Pfanne erhitzen und die Zwiebelwürfel darin bei mittlerer Hitze glasig dünsten.

★ Anschließend Erbsen und eine Schöpfkelle Nudelwasser hinzugeben. Alles 5 bis 8 Minuten zugedeckt köcheln lassen.

★ Nudeln in ein Sieb abgießen und gut abtropfen lassen.

★ Basilikumblätter waschen, trocken tupfen und mit der Erbsen-Zwiebel-Mischung in einen hohen Rührbecher geben, mit dem Stabmixer fein pürieren. Zuletzt den Ricotta unterrühren. Sauce zu den Nudeln servieren.

TIPP

Pastasorten wie Fusilli, Penne, Tortiglioni, Rigatoni oder große Muschelnudeln eignen sich super für den Beikostart. Das Gericht hält sich bis zu 2 Tage im Kühlschrank.

KNUSPRIGE BLUMENKOHLRÖSCHEN SIND EINE TOLLE UND LECKERE IDEE, GEMÜSE FÜR KLEINE ESSER SCHMACKHAFT ZU MACHEN. SIE EIGNEN SICH TOLL ALS BEILAGE ODER VORSPEISE.

Knusprige BLUMENKOHLRÖSCHEN

ZUTATEN (ergibt 4 große Portionen) 15 Min. + 20 Min. Garen

500 g Blumenkohlröschen
1 Ei
100 g Vollkorn-Paniermehl
1 Prise italienische Kräuter
optional: 1 Prise geriebener Parmesan
1 TL Olivenöl

ZUBEREITUNG

★ Backofen auf 220 °C (Umluft) vorheizen.

★ Blumenkohlröschen waschen. Wasser in einem Topf zum Kochen bringen und die Blumenkohlröschen hineingeben, einmal aufkochen lassen und bei mittlerer Hitze in etwa 5 Minuten bissfest garen. Anschließend in ein Sieb abgießen, kalt abschrecken und abtropfen lassen.

★ Das Ei in einem tiefen Teller verquirlen. Das Paniermehl mit den Kräutern in einem zweiten tiefen Teller mischen und nach Wunsch den Parmesan hinzufügen.

★ Blumenkohl-Röschen erst durch das verquirlte Ei ziehen und anschließend im Paniermehl-Mix wenden.

★ Ein Backblech mit Backpapier auslegen und mit dem Öl bestreichen, damit die Röschen später nicht kleben bleiben.

★ Blumenkohl-Röschen auf das Backblech legen und in 15 bis 20 Minuten goldbraun backen.

DAS ERSTE LINSENREZEPT MEINER TOCHTER IN DER BEIKOSTZEIT. BIS HEUTE NOCH IST DAS EINS UNSERER LIEBLINGS-MITTAGESSEN!

GEMÜSE-Linsen-NUGGETS

ZUTATEN (ergibt ca. 10 Stück) 20 Min. + 50 Min. Garen

350 g festkochende Kartoffeln
150 g Brokkoliröschen
70 g rote Linsen
100 g Dinkelmehl Type 630
1 TL Rapsöl
100 g Dinkel-Paniermehl oder Vollkorn-Paniermehl

ZUBEREITUNG

★ Kartoffeln schälen, waschen und in etwa 2 cm große Stücke schneiden. Brokkoliröschen waschen und abtropfen lassen.

★ Kartoffeln in einen Topf geben, mit Wasser bedecken und einmal aufkochen lassen. Bei mittlerer Hitze etwa 10 Minuten köcheln lassen. Dann die Brokkoliröschen hinzugeben und alles noch etwa 10 Minuten garen.

★ Inzwischen die Linsen in einem Sieb abbrausen und in einem kleinen Topf mit etwas Wasser 10 bis 15 Minuten köcheln lassen. Anschließend das überschüssige Wasser abgießen.

★ Kartoffeln und Brokkoli ebenfalls abgießen. Rote Linsen zum Gemüse geben, ein paar Minuten abkühlen lassen. Dann alles zerstampfen und mit dem Mehl vermischen.

★ Den Backofen auf 180 °C (Ober-/Unterhitze) vorheizen. Ein Backblech mit Backpapier auslegen und mit dem Öl bestreichen.

★ Mit angefeuchteten Händen Stangen aus der Gemüse-Linsen-Masse formen und im Paniermehl panieren.

★ Nuggets auf dem Backblech verteilen und 30 Minuten backen. Danach ganz abkühlen lassen, damit sie fest werden.

OFENGEMÜSE – EINS DER EINFACHSTEN GERICHTE FÜR DEN BEIKOSTSTART. UNSER ABSOLUTES HIGHLIGHT-REZEPT FÜR DIE GANZE FAMILIE.

GERIFFELTES Ofengemüse MIT CASHEWPANADE

ZUTATEN (4–5 große Portionen) 20 Min. + 30 Min. Backen

700 g vorwiegend festkochende Kartoffeln
600 g Süßkartoffeln
300 g Möhren
20 g Cashewkerne
20 g Vollkorn-Paniermehl
1 TL italienische Kräuter
4 EL Olivenöl

ZUBEREITUNG

★ Den Ofen auf 250 °C (Ober-/Unterhitze) vorheizen.

★ Kartoffeln, Süßkartoffeln und Möhren schälen, waschen und mit einem Wellenschnittmesser in Spalten schneiden.

★ Cashewkerne in einem Blitzhacker fein mahlen, dabei nicht zu lange mixen, sonst wird Mus daraus.

★ Cashewmehl mit dem Paniermehl und den Kräutern vermischen.

★ Gemüse auf einem Backblech mit Olivenöl und Paniermehl-Mix gut vermischen. Dann 30 bis 40 Minuten backen. Bei Bedarf die Hitze reduzieren, wenn das Ofengemüse zu dunkel werden sollte.

DIESE BRATLINGE LASSEN SICH SUPEREINFACH VON BEIKOSTANFÄNGER*INNEN GREIFEN.

COUSCOUS-BRATLINGE mit Joghurtdip

ZUTATEN (ergibt ca. 15 Stück) 25 Min. + 10 Min. Braten

BRATLINGE:
200 ml Wasser (oder ungesalzene Gemüsebrühe)
150 g Couscous
150 g Kichererbsen (aus dem Glas)
1 TL TK-Petersilie
1 TL Zitronensaft
1 Möhre
1 Ei
3 EL Olivenöl
2 EL Dinkelmehl Type 630

JOGHURTDIP:
½ Salatgurke
200 g Naturjoghurt
½ TL Zitronensaft
1 TL TK-Schnittlauch
1 TL TK-Petersilie

ZUBEREITUNG

★ Für die Bratlinge das Wasser aufkochen und den Couscous damit übergießen. Anschließend 15 Minuten quellen lassen, dann mit einer Gabel auflockern und abkühlen lassen.

★ Inzwischen die Kichererbsen in einem Sieb kalt abbrausen, dann abtropfen lassen. Mit Petersilie und Zitronensaft in einem hohen Rührbecher mit dem Stabmixer cremig pürieren.

★ Möhre schälen, waschen und fein raspeln. Mit Couscous, Kichererbsenpüree, Ei, 1 EL Öl und Mehl in einer Schüssel gut vermischen.

★ Die Masse mit angefeuchteten Händen zu Bratlingen formen.

★ Das restliche Öl in einer Pfanne erhitzen und die Bratlinge darin auf jeder Seite in etwa 5 Minuten goldgelb braten.

★ Für den Dip die Gurke schälen und in kleine längliche Stifte schneiden oder grob raspeln.

★ Joghurt mit Zitronensaft, Schnittlauch, Petersilie und Gurkenstiften verrühren. Zu den Bratlingen servieren.

TIPP
Ab Beikoststart kannst du dieses Nudelgericht mit Penne oder großen Muschelnudeln anbieten und die Sauce als Dip dazu servieren.

LINSENBOLOGNESE IST EINE NAHRHAFTE UND LECKERE ALTERNATIVE ZUR HERKÖMMLICHEN BOLOGNESE MIT HACKFLEISCH. SIE IST GANZ EINFACH UND SCHNELL ZUBEREITET.

GUT GEÜBT

Farfalle mit LINSEN-BOLOGNESE

ZUTATEN (ergibt 4–5 große Portionen) 10 Min. + 15 Min. Garen

300 g Vollkorn-Farfalle
1 Zwiebel
1 Möhre
150 g rote Linsen
1 Handvoll Basilikumblätter
1 TL Rapsöl
500 ml ungesalzene Gemüsebrühe
300 g passierte Tomaten

ZUBEREITUNG

★ Nudeln nach Packungsanweisung bissfest garen.

★ Inzwischen die Zwiebel schälen und in feine Würfel schneiden. Möhre putzen, waschen und raspeln.

★ Linsen in einem Sieb abbrausen, dann gut abtropfen lassen. Basilikum waschen, trocken tupfen und fein schneiden.

★ Rapsöl in einer Pfanne erhitzen und die Zwiebelwürfel darin glasig dünsten. Anschließend die Möhrenraspel und die Linsen hinzugeben und 3 Minuten mitdünsten.

★ Mit Gemüsebrühe ablöschen, passierte Tomaten ebenfalls dazugeben.

★ Die Hitze reduzieren und die Bolognese unter häufigem Rühren 10 bis 15 Minuten köcheln lassen.

★ Die Nudeln in ein Sieb abgießen, abtropfen lassen und mit der Sauce anrichten. Kurz vor dem Servieren das Basilikum darüberstreuen oder unterheben.

GENAU DAS RICHTIGE, WENN'S SCHNELL GEHEN MUSS. BIETE DIE FRITTATA DEINEM BABY ANFANGS AM BESTEN IN STREIFEN AN.

Avocado-FRITTATA

ZUTATEN (ergibt 2 große Portionen) 10 Min. + 10 Min. Garen.

4 Eier
50 ml Milch
20 g Emmentaler
1 Avocado
1 TL Zitronensaft
Öl zum Braten

ZUBEREITUNG

★ Die Eier mit der Milch verquirlen. Käse fein reiben und unterrühren.

★ Avocado halbieren, Kern entfernen und das Fruchtfleisch aus der Schale lösen. Anschließend in feine Scheiben schneiden und sofort mit dem Zitronensaft beträufeln, damit sie sich nicht verfärben.

★ Etwas Öl in einer beschichteten Pfanne erhitzen, die Eier-Milch hineingießen und durch Schwenken in der Pfanne verteilen.

★ Anschließend etwa 3 Minuten stocken lassen. Danach die Avocadoscheiben darauflegen.

★ Die Pfanne mit einem Deckel zudecken und die Frittata bei schwacher Hitze noch weitere 10 bis 12 Minuten stocken lassen.

TIPP

Als Beilage schmecken getoastete Brotecken dazu.

DIESE LECKEREN UND SCHNELL GEMACHTEN BEILAGEN SCHMECKEN GROß UND KLEIN – GANZ ALLEIN ODER MIT EINEM DIP DAZU (SIEHE SEITE 68–69).

AVOCADO-Pommes

ZUBEREITUNG

(ergibt 8–10 Stück) 10 Min. + 22 Min. Backen

Ofen auf 200 °C (Ober-/Unterhitze) vorheizen. **1 reife Avocado** halbieren und den Kern entfernen. Das Fruchtfleisch aus der Schale lösen, in Streifen schneiden und mit **1 TL Zitronensaft** beträufeln. **1 Ei** in einem tiefen Teller verquirlen. Die Avocadosstreifen in **30–40 g Mehl** wenden, durch das Ei ziehen und zum Schluss in **40 g Panko (asiat. Paniermehl) oder Vollkorn-Paniermehl** panieren. Ein Backblech mit Backpapier auslegen und die Avocado-Pommes darauf verteilen, mit **1 EL Olivenöl** beträufeln. 12 Min. backen, danach wenden und weitere 10 Min. backen.

Geriffelte MÖHRENPOMMES

ZUBEREITUNG

(ergibt 4 große Portionen)
20 Min. + 30 Min. Backen

Ofen auf 220 °C (Umluft) vorheizen. **1 kg Möhren** putzen, schälen und mit einem Wellenschliffmesser (oder einem herkömmlichen Messer) in 1–2 cm dicke Sticks schneiden. In einer Schüssel mit **2 EL Olivenöl, 1 EL Speisestärke, 3 EL Panko (asiat. Paniermehl) oder Vollkorn-Paniermehl** und **1 TL TK-Petersilie** gut vermischen. Ein Backblech mit Backpapier auslegen und die Möhren-Pommes darauflegen, dann 30–40 Min. backen, – je nachdem, wie groß sie sind. Dabei nach der Hälfte der Backzeit wenden.

KARTOFFELBROT-Sticks

ZUBEREITUNG

(ergibt 18–20 Stück) 20 Min. + 50 Min. Garen

450 g festkochende Kartoffeln schälen, waschen und in etwa 2 cm große Stücke schneiden. In einen Topf geben, mit Wasser bedecken und einmal aufkochen lassen. Bei mittlerer Hitze etwa 20 Min. garen. Inzwischen den Backofen auf 220 °C (Umluft) vorheizen. Die Kartoffeln abgießen und zerstampfen. **3 EL Butter (oder Rapsöl)** sowie **130 g Dinkelmehl Type 630** unter das Kartoffelpüree rühren, bei Bedarf noch Mehl dazugeben. Alle Zutaten miteinander verkneten. Ein Backblech mit Backpapier auslegen und mit **1 TL Olivenöl** bestreichen. Den Teig auf einer bemehlten Arbeitsfläche ausrollen. Sollte sich der Teig nicht gut ausrollen lassen, dann stattdessen mit den Händen in Form ziehen. In Sticks schneiden und auf das Backblech legen. Die Teig-Sticks im Ofen in 30–40 Min. goldbraun backen. Dabei die Sticks wenden, sobald sie oben goldbraun sind. Die Sticks lassen sich auch mit etwas Öl in einer Pfanne braten.

Fluffiges NAANBROT

ZUBEREITUNG

(ergibt 6 Stück) 30 Min. + 10 Min. Ruhen

In einer Schüssel **250 g Dinkelmehl Type 630**, **2 TL Weinsteinbackpulver** und **250 g Naturjoghurt** vermischen. Den Teig auf einer gut bemehlten Arbeitsfläche mit den Händen oder in der Küchenmaschine gut 5 Min. durchkneten. Eine Rolle daraus formen und in etwa 6 gleich große Teigstücke teilen, jeweils zu einer Kugel formen. Den Teig 10 Min. ruhen lassen. Die Kugeln mit bemehlten Händen zu kleinen Fladen ausziehen. Falls der Teig noch sehr klebrig ist, mit etwas Mehl bestäuben. Eine Pfanne auf mittlerer Hitze vorheizen und die Brote portionsweise von beiden Seiten backen. Achtung, die Brote werden schnell dunkel, daher gut aufpassen und nach kurzer Zeit wenden.

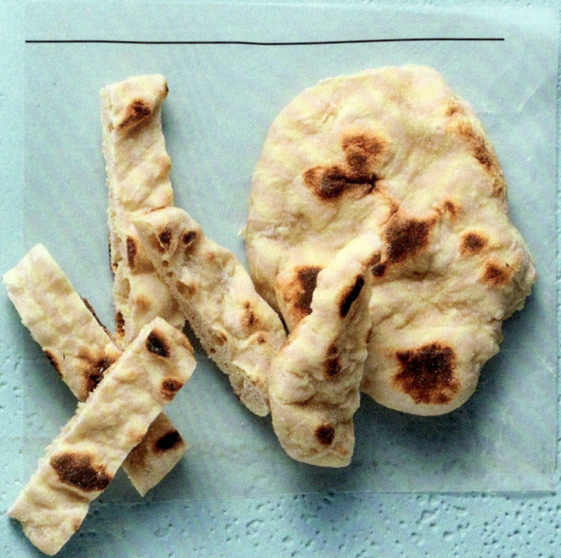

TIPP

Spinat gehört zu den nitratreichen Gemüsesorten, deshalb direkt am selben Tag verzehren und nicht wieder aufwärmen.

DIESES BLITZ-GERICHT IST IN NUR 10 MINUTEN ZUBEREITET UND LÄSST SICH SUPER IN STREIFEN FÜR DAS BABY SCHNEIDEN.

Spinat-FRENCH-Toast

ZUTATEN (ergibt 2 große Portionen) 10 Min.

5 g Babyspinat
1 Ei
3–4 EL Milch
2 Scheiben Dinkel-Toastbrot
Öl zum Braten

ZUBEREITUNG

★ Spinat waschen, verlesen und trocken schleudern. Dann fein hacken.

★ Das Ei mit der Milch in einem tiefen Teller verquirlen. Spinat dazugeben.

★ Toastbrot 2 Minuten pro Seite in der Ei-Milch-Mischung ziehen lassen, bis diese komplett aufgesogen ist.

★ Etwas Öl in einer Pfanne erhitzen und die Toastscheiben darin von beiden Seiten in 2 bis 3 Minuten goldgelb braten.

DIESE PORRIDGESCHNITTEN WAREN DIE ERSTEN, DIE ICH ALS HERZHAFTE VARIANTE MEINER TOCHTER IN DER BEIKOSTZEIT ANBOT.

Herzhafte PORRIDGESCHNITTEN

ZUTATEN (ergibt ca. 8 Schnitten) 20 Min. + 30 Min. Garen

250 g Brokkoliröschen
200 ml Wasser
100 ml Milch
2 Eier (oder Ei-Ersatz, siehe Seite 119)
200 g zarte Haferflocken
1 EL geschrotete Leinsamen
ggf. Öl für die Form

ZUBEREITUNG

★ Brokkoli waschen. Das Wasser in einem Topf aufkochen und die Brokkoliröschen darin etwa 8 Minuten zugedeckt dünsten.

★ Inzwischen den Backofen auf 180 °C (Ober-/Unterhitze) vorheizen.

★ Brokkoli abgießen, dann fein zerkleinern oder zerdrücken. Anschließend Milch und Eier hinzugeben, Haferflocken und die Leinsamen unterrühren.

★ Eine Kastenform (30 cm Länge) mit Backpapier auslegen (oder mit Öl einfetten). Den Brokkoli-Haferteig in der Form glatt streichen. Dann 20 bis 25 Minuten backen.

★ Nach dem Backen kurz abkühlen lassen, aus der Form lösen und in Schnitten schneiden.

VARIANTE

Mische noch 1–2 TL geriebenen Parmesan in den Porridgeteig, so essen wir es am liebsten.

VARIANTE

Zucchini lassen sich super durch anderes Gemüse ersetzen, wie Möhren oder Kürbis.

ES MUSS NICHT IMMER SÜß SEIN: DIESE ZUCCHINI-WAFFELN SIND EINES UNSERER HERZHAFTEN LIEBLINGSREZEPTE AM ABEND.

ZUCCHINI-Waffeln

ZUTATEN (ergibt ca. 6 Stück) 10 Min. + 45 Min. Backen

1 Zucchini (oder Möhre)
180 g Dinkelmehl Type 630
½ TL Weinsteinbackpulver
1-2 Eier (je nach Größe)
200 ml Milch
2 TL geriebener Parmesan
ggf. Öl für das Waffeleisen

ZUBEREITUNG

★ Zucchini putzen, waschen und raspeln. Anschließend in ein Geschirrtuch geben und den Saft ausdrücken.

★ Mehl mit dem Backpulver in einer Schüssel vermischen.

★ Die Eier und die Milch in einer anderen Schüssel verquirlen.

★ Anschließend alle Zutaten mit dem Parmesan und den Zucchiniraspeln zu einem Teig verrühren.

★ Nun das Waffeleisen aufheizen, ggf. mit Öl einfetten und pro Waffel etwa 2 EL Teig in das Waffeleisen hineingeben. Die Waffeln jeweils 7 bis 8 Minuten backen.

SUPER, UM PFANNKUCHENRESTE ZU VERWERTEN! PFANNKUCHENSTREIFEN EIGNEN SICH PRIMA FÜR KLEINE ESSER.

Pfannkuchen-SUPPE

ZUTATEN (ergibt 6 große Portionen) 20 Min. + 40 Min. Garen

SUPPE:
400 g Suppengrün (Möhren, Lauch, Knollensellerie, Petersilie)
2 EL Rapsöl
2,5 l salzfreie Gemüsebrühe
240 g weiße Riesenbohnen (aus dem Glas)

PFANNKUCHEN:
2 Eier
200 ml Milch
200 ml Dinkelmehl Type 630
50 ml Mineralwasser
Öl zum Braten

ZUBEREITUNG

★ Für die Suppe das Gemüse putzen, waschen und in feine Streifen schneiden. Petersilie waschen, trocken schütteln, die Blättchen abzupfen und fein hacken.

★ Das Öl in einem Topf erhitzen und das Gemüse darin etwa 3 Minuten anschwitzen.

★ Anschließend mit der Gemüsebrühe ablöschen und auf mittlerer Stufe 20 Minuten köcheln lassen.

★ Weiße Bohnen in ein Sieb abgießen, abbrausen und abtropfen lassen. Gegen Ende der Garzeit 1 bis 2 Minuten mitköcheln lassen.

★ Für die Pfannkuchen in einer Schüssel Eier mit Milch, Mehl und Mineralwasser verrühren.

★ Etwas Öl in einer Pfanne erhitzen und portionenweise aus dem Teig goldbraune Pfannkuchen backen.

★ Die fertigen Pfannkuchen noch warm einrollen und für Erwachsene in feine Streifen, für Babys in etwa 2 cm breite Streifen schneiden. Für Erwachsene die Pfannkuchenstreifen in einem tiefen Teller mit Suppe übergießen. Für das Baby die Bohnen ohne Häutchen zerdrücken und auf die Streifen streichen. Die festen Suppen-Bestandteile kann das Baby einzeln essen, die Brühe trinken oder dippen.

VARIANTE

Fehlt dir die Zeit, alle Nudeln aufzustellen? Dann kannst du sie mit der Sauce vermischt in einer Auflaufform backen. Etwas Parmesan im Pesto schmeckt übrigens sehr lecker!

TIMBALLO ODER PASTAKUCHEN IST EIN AUSGEFALLENES SIZILIANISCHES FESTESSEN. LAUT OMAS REZEPT WERDEN DIE NUDELN MIT AUBERGINEN ÜBERZOGEN, HIER HABE ICH KÜRBIS GENOMMEN.

Butternuss-TIMBALLO

ZUTATEN (ergibt 8–10 Stücke) 35 Min. + 55 Min. Garen

1–1,5 kg Butternusskürbis
2 EL Olivenöl
500 g Tortiglioni
1 Handvoll Basilikumblätter
60 g Walnusskerne
1 Zwiebel
Butter für die Form
100 ml Milch
1 Prise frisch geriebene Muskatnuss
100 g frisch geriebener Edamer (oder Mozzarella)

ZUBEREITUNG

★ Den Backofen auf 200 °C (Ober-/Unterhitze) vorheizen.

★ Butternusskürbis schälen, entkernen und in mundgerechte Stücke schneiden.

★ Ein Backblech mit Backpapier auslegen, die Kürbisstücke darauflegen und mit 1 EL Öl beträufeln. Butternusskürbis etwa 25 Minuten backen.

★ Inzwischen die Tortiglioni nach Packungsangabe bissfest garen.

★ Basilikum waschen, trocken tupfen und in einem Blitzhacker mit den Walnüssen und dem restlichen Olivenöl zu Pesto verarbeiten.

★ Die Zwiebel schälen und in feine Würfel schneiden. Dann 1 TL Olivenöl in einer Pfanne erhitzen und die Zwiebelwürfel glasig dünsten.

★ Tortiglioni in ein Sieb abgießen, gut abtropfen lassen und das Walnuss-Basilikum-Pesto untermischen.

★ Eine Springform (24 cm Durchmesser) mit Butter einfetten. Die Nudeln einzeln aufrecht stehend in die Form setzen.

★ Kürbis mit Zwiebelwürfeln, Milch und Muskatnuss in einem Standmixer oder einem hohen Rührbecher mit dem Stabmixer cremig pürieren. Auf die Nudeln gießen und verteilen. Mit Käse bestreuen und etwa 30 Minuten backen.

PAELLA GAB ES BEI UNS DAS ERSTE MAL IN BARCELONA. MEINE TOCHTER WAR DAMALS 9 MONATE ALT UND PICKTE MIT SPAß ALLE GARNELEN UND REISKÖRNCHEN IM ZEITLUPENTEMPO AUF.

Paella mit Garnelen

GUT GEÜBT

ZUTATEN (ergibt 4–5 große Portionen) 20 Minuten + 20 Min. Garen

1 rote Paprikaschote
1 gelbe Paprikaschote
1 Zwiebel
1 Knoblauchzehe
Öl zum Braten
300 g Paellareis oder Risottoreis
1 l lauwarme Gemüsebrühe
2 TL gemahlene Kurkuma
2 TL Zitronensaft
250 g geschälte Garnelen
100 g TK-Erbsen
2 TL TK-Petersilie

ZUBEREITUNG

★ Paprikaschoten längs halbieren, entkernen, waschen und in mundgerechte Stücke schneiden. Zwiebel und Knoblauch schälen und in feine Würfel schneiden.

★ Öl in einer Pfanne erhitzen und die Zwiebel- und Knoblauchwürfel kurz darin anschwitzen. Anschließend den Reis und die Paprikawürfel dazugeben und 2 Minuten dünsten.

★ Danach mit der Gemüsebrühe ablöschen. Kurkuma und Zitronensaft ebenfalls dazugeben.

★ Zwischenzeitlich etwas Öl in einer anderen Pfanne erhitzen. Die Garnelen in einem Sieb gründlich abbrausen, abtropfen lassen und in etwa 5 Minuten durchbraten.

★ Reis einmal aufkochen lassen und die Temperatur auf kleine bis mittlere Hitze reduzieren. Paellareis köcheln lassen, dabei ab und zu rühren, damit nichts anbrennt. Wenn die Flüssigkeit fast komplett vom Reis aufgesogen wurde, die Erbsen und Garnelen unterrühren. Weiterköcheln lassen, bis die Flüssigkeit komplett aufgesogen ist.

★ Zum Schluss die Paella zugedeckt 5 Minuten ziehen lassen. Mit Petersilie bestreut servieren.

TIPP

Forme kleine Paella-Reiskugeln für dein Baby und wälze diese dann in Sesam. Paella lässt sich 1 Tag im Kühlschrank aufheben oder gut einfrieren.

TIPP

Falls du die Zucchini-Kartoffel-Puffer einfrieren möchtest, lasse sie am besten anschließend tiefgekühlt in der Pfanne auftauen.

DER ZARTE OFENLACHS EIGNET SICH SUPER FÜR KLEINE ESSER – MEINE TOCHTER PROBIERTE LACHS DAS ERSTE MAL IN DIESER FORM.

Lachspäckchen mit KARTOFFEL-ZUCCHINI-PUFFERN

ZUTATEN (ergibt ca. 3 große Portionen) 30 Min. + 25 Min. Garen

LACHSPÄCKCHEN:
600 g frisches Lachsfilet
5 Rispentomaten
2 TL Olivenöl
2 TL Zitronensaft

PUFFER:
500 g Kartoffeln
1 Zucchini (ca. 250 g)
1 EL Olivenöl
2 EL Dinkelmehl
1 EL Paniermehl
Öl zum Braten

ZUBEREITUNG

★ Den Backofen auf 180 °C (Ober-/Unterhitze) vorheizen.

★ Für die Lachspäckchen den Lachs waschen und mit Küchenpapier trocken tupfen. Dann sorgfältig nach Gräten absuchen und diese entfernen. Den Lachs in 2 bis 3 Stücke schneiden. Anschließend jeweils auf einen Bogen Backpapier legen.

★ Tomaten waschen, die Stielansätze entfernen und das Fruchtfleisch in kleine Würfel schneiden.

★ Lachsstücke mit Olivenöl und Zitronensaft beträufeln. Anschließend die Tomatenwürfel drauf verteilen.

★ Backpapier zu Päckchen falten und seitlich einrollen oder mit Küchengarn verschließen. Lachspäckchen in eine Auflaufform legen und 25 bis 30 Minuten im Ofen garen.

★ Inzwischen für die Puffer die Kartoffeln schälen, waschen und raspeln. Zucchini putzen, waschen und ebenfalls raspeln.

★ Gemüseraspel in einem Geschirrtuch auspressen, danach in einer Schüssel mit Olivenöl, Mehl und Paniermehl verrühren.

★ Etwas Öl in einer Pfanne erhitzen und jeweils 1 EL Teig pro Puffer hineingeben, mit dem Löffelrücken etwas flacher drücken. Puffer auf jeder Seite in 4 bis 6 Minuten knusprig braten.

NOCH EIN LIEBSLINGSREZEPT MEINER COMMUNITY: KLEINE ESSER KÖNNEN SICH DIE LECKEREN FISCHSTÄBCHEN EINFACH GREIFEN ODER IN EINEN DIP TUNKEN.

Fischstäbchen IN BROKKOLIPANADE

ZUTATEN (ergibt ca. 10 Stück) 15 Min. + 10 Min. Braten

- 400 g aufgetautes TK-Seelachsfilet in Blöcken
- 5 Brokkoliröschen
- 6 EL Vollkorn-Paniermehl
- 3 EL Dinkelmehl Type 630
- 2 Eier
- Öl zum Braten

ZUBEREITUNG

★ Seelachsfilets waschen, trocken tupfen und in Stäbchen schneiden.

★ Brokkoliröschen waschen, trocken tupfen und im Standmixer oder Blitzhacker fein zerkleinern. Dann mit dem Paniermehl vermischen.

★ Mehl in einen tiefen Teller geben. Die Eier in einem anderen tiefen Teller verquirlen. Den Fisch erst im Mehl wenden, dann durch das verquirlte Ei ziehen und zuletzt in der Panade wenden.

★ Etwas Öl in einer Pfanne erhitzen und die Fischstäbchen von beiden Seiten darin je Seite in etwa 5 Minuten goldbraun braten.

TIPP

Fisch nur 1 Tag im Kühlschrank aufbewahren und nicht noch mal einfrieren.

VARIANTE

Statt Bällchen kannst du auch längliche Frikadellen aus der Hackmasse formen.

DIESE MINI-HACKBÄLLCHEN SIND EINS DER BELIEBTESTEN FAMILIENREZEPTE MEINER COMMUNITY. WIR ESSEN GERNE PELLKARTOFFELN ODER NUDELN DAZU.

Mini-ZUCCHINI-HACKBÄLLCHEN

ZUTATEN (ergibt ca. 15 Stück) 15 Minuten + 15 Min. Garen

1 kleine Zwiebel (ca. 60g)
½ Zucchini
400 g Rinderhackfleisch
3 EL zarte Haferflocken
1 kleines Ei
1 EL gehackte Petersilie
Öl zum Braten

ZUBEREITUNG

★ Den Backofen auf 180 °C (Umluft) vorheizen.

★ Die Zwiebel schälen und in feine Würfel schneiden. Die Zucchini putzen, waschen und fein raspeln. Beides mit Hackfleisch, Haferflocken, Ei und Petersilie verkneten.

★ Mit angefeuchteten Händen Hackbällchen in der Größe eines Tischtennisballs aus der Masse formen. Etwas Öl in einer beschichteten Pfanne erhitzen und die Hackbällchen darin rundum etwa 5 Minuten anbraten, bis sie Farbe angenommen haben.

★ Ein Backblech mit Backpapier auslegen und die Hackbällchen darauf verteilen, anschließend 10 bis 15 Minuten backen.

DIESE BULETTEN EIGNEN SIE SUPER FÜR JUNGE BEIKOST-ANFÄNGER*INNEN: SIE SIND SUPEREINFACH ZUBEREITET UND LASSEN SICH VON KLEINEN HÄNDEN SEHR GUT GREIFEN.

Hähnchen-Buletten MIT GRÜNEN BUTTERBOHNEN

ZUTATEN (ergibt ca. 16 Stück) 20 Min. + 30 Min. Garen

BULETTEN:

760 g festkochende Kartoffeln
220 g Möhren (ca. 2 Stück)
1 kleine Zwiebel
600 g Hähnchenbrustfilet
2 Eier
2 TL TK-Petersilie
60 g Dinkelmehl
Öl zum Braten

BOHNEN:

600 g TK-Bohnen
15 g Butter
1 EL Sesam

ZUBEREITUNG

★ Für die Buletten Kartoffeln und Möhren schälen und waschen. Beides in etwa 1 cm große Würfel schneiden. In einen Topf geben und mit Wasser bedeckt einmal aufkochen. Dann bei mittlerer Hitze etwa 15 Minuten köcheln lassen. Anschließend abgießen, lauwarm abkühlen lassen, dann grob zerstampfen.

★ Die Zwiebel schälen und in feine Würfel schneiden.

★ Hähnchenbrustfilet waschen und mit Küchenpapier trocken tupfen, dann in einem Mixer zerkleinern oder mit einem Messer fein hacken.

★ Das Fleisch mit Zwiebelwürfeln, Eiern, Petersilie und Mehl zum gestampften Gemüse geben und gut verrühren. Ggf. noch etwas Mehl hinzufügen.

★ Mit angefeuchteten Händen aus der Masse Buletten formen. Etwas Öl in einer Pfanne erhitzen und die Buletten darin auf jeder Seite in 3 bis 4 Minuten goldbraun braten.

★ Für die Bohnen die TK-Bohnen in einen Topf mit Wasser geben und etwa 8 Minuten köcheln lassen, bis sie gar sind. Anschließend abgießen und mit Butter und Sesam mischen. Mit den Buletten servieren.

VARIANTE

Du kannst sie auch im Ofen zubereiten. Dazu auf ein mit Backpapier ausgelegtes Backblech setzen, mit etwas Rapsöl beträufeln und bei 180 °C (Ober-/Unterhitze) etwa 25 Minuten backen.

DIESE NAHRHAFTEN LECKEREIEN SIND TOLLE SNACKS FÜR ZWISCHENDURCH, DIE SICH AUCH GUT MITNEHMEN LASSEN. UND SIE SCHMECKEN KÖSTLICH!

GUT GEÜBT

Baby-KOKOSKUGELN

ZUBEREITUNG

(ergibt 8 Kugeln) 15 Min. + 10 Min. Backen

Ofen auf 170 °C (Ober-/Unterhitze) vorheizen. **1 Apfel** schälen, vierteln, Kerngehäuse entfernen und das Fruchtfleisch raspeln. Mit **2 EL Kokosraspeln, 2 EL Apfelmark, 3 EL Kokosmilch (oder Kuhmilch)** und **4–5 EL zarten Haferflocken** in einer Schüssel vermischen. Nun **2 TL Kokosöl** bei schwacher Hitze zerlassen und mit der Apfel-Haferflocken-Mischung verrühren. Mit leicht angefeuchteten Händen aus dem Teig kleine Bällchen formen. Ein Backblech mit Backpapier auslegen und die Bällchen darauf verteilen, 10–15 Min. backen. Die Kugeln lassen sich bis zu 2 Tage im Kühlschrank aufheben oder einfrieren. Du kannst sie auch in Stäbchenform zubereiten und ab Beikoststart anbieten.

BANANEN-Kekse

ZUBEREITUNG

(ergibt 12 Stück) 15 Min. + 10 Min. Backen

Ofen auf 180 °C (Ober-/Unterhitze) vorheizen. **1 reife Banane** schälen und mit einer Gabel in einer Schüssel zerdrücken. **20 g gemahlene Mandeln, 50 g zarte Haferflocken** und **2 EL Milch** unterrühren. Ein Backblech mit Backpapier auslegen. Pro Keks 1 TL Teig auf das Backpapier setzen und länglich verstreichen. Die Kekse etwa 10 Min. backen. Etwas abkühlen lassen und lauwarm anbieten. Als Beilage kann man Naturjoghurt zum Tunken anbieten. Die Kekse sind 2–3 Tage im Kühlschrank haltbar und lassen sich auch gut einfrieren.

APFEL-JOGHURT-Taler

ZUBEREITUNG

(ergibt 10–12 Stück) 15 Min. + 25 Min. Backen

Ofen auf 180 °C (Ober-/Unterhitze) vorheizen. **200 g Dinkelmehl Type 630**, **2 TL Weinsteinbackpulver**, **½ TL Ceylon-Zimt** und **1 Prise gemahlene Vanille** miteinander vermischen. In einer anderen Schüssel **1 Ei**, **30 ml Rapsöl**, **50 ml Milch**, **2 EL Naturjoghurt** und **2 EL Apfelmark** verrühren. **2 Äpfel** schälen, vierteln, Kerngehäuse entfernen und das Fruchtfleisch fein raspeln. Unter die Joghurt-Mischung ziehen. Unter Rühren den Mehl-Mix zum flüssigen Teig hinzugeben und so lange weiterrühren, bis der Teig eine klebrig-feuchte Konsistenz hat. Ein Backblech mit Backpapier auslegen. Teig esslöffelweise auf das Backblech setzen und 25–30 Min. backen. Die Taler lassen sich gut bis zu 3 Tage im Kühlschrank aufheben oder auch einfrieren. Schneide die Taler anfangs in Stäbchenform für dein Baby.

GUT GEÜBT

HERZHAFTE Tomaten-Muffins

ZUBEREITUNG

(ergibt ca. 12 Stück) 15 Min. + 20 Min. Backen

Ofen auf 180 °C (Ober-/Unterhitze) vorheizen. **250 g Mehl** und **2 TL Weinsteinbackpulver** in einer Schüssel vermischen. **40 g Emmentaler** reiben und mit **200 g Naturjoghurt**, **65 ml Milch**, **2 Eiern (oder Ei-Ersatz, siehe Seite 119)**, **1 EL italienischen Kräutern** und **50 ml Olivenöl** zum Mehl-Mix geben und alles zu einem glatten Teig verrühren. Die Mulden einer Muffinform mit Papierförmchen auskleiden und den Teig hineinfüllen. **200 g Cocktailtomaten** waschen, vierteln und leicht in den Teig drücken. Die Tomaten-Muffins 20–25 Min. backen.

TIPP

Den Kuchen gleich nach der Zubereitung servieren, sonst können Kiwi und Ananas den Sahnebelag bitter werden lassen. Für den Belag kannst du beliebiges Obst wählen.

DIESER WUNDERBAR FRUCHTIGE KUCHEN IST EINFACH ZUBEREITET UND UNSER LIEBLINGSKUCHEN ZU BESONDEREN ANLÄSSEN.

Regenbogen-BLECHKUCHEN

GUT GEÜBT

ZUTATEN (ergibt ca. 12 Stücke) 35 Min. + 55 Min. Backen + 30 Min. Abkühlen

KUCHEN:
300 g Möhren
2 Äpfel
1 EL Zitronensaft
350 g Dinkelmehl Type 630
1 Pck. Weinsteinbackpulver
100 g gemahlene Mandeln
1 TL gemahlene Vanille
1 TL Ceylon-Zimt
200 ml Milch
2 EL Apfelmark
2 Eier (oder Ei-Ersatz, siehe Seite 119)
150 ml Rapsöl

BELAG:
200 g kalte Sahne
2 TL Speisestärke
200 g Frischkäse (Doppelrahmstufe)
1 EL Apfelmark
1 Prise gemahlene Vanille
2 reife Kiwis
1-2 Handvoll Blaubeeren
1-2 Handvoll Trauben
2-3 Handvoll Erdbeeren
½ frische Ananas

ZUBEREITUNG

★ Den Backofen auf 180 °C (Ober-/Unterhitze) vorheizen.

★ Für den Kuchen Möhren und Äpfel schälen und reiben. Danach mit dem Zitronensaft beträufeln. In einer großen Schüssel das Mehl mit Backpulver, Mandeln, Vanille und Zimt vermischen. Milch, Apfelmark, Eier, Rapsöl und die geraspelten Möhren und Äpfel hinzugeben, alles miteinander gut vermischen.

★ Eine Auflaufform (35 x 25 cm) mit Backpapier auslegen und den Teig darin verstreichen, 55 bis 60 Minuten backen. Aus der Form lösen und etwa 30 Minuten auf einem Kuchengitter abkühlen lassen. Dann auf eine Kuchenplatte setzen.

★ Für den Belag die Sahne cremig aufschlagen, dann Speisestärke, Frischkäse, Apfelmark und Vanille unterziehen. Kuchen mit dem Sahne-Mix bestreichen. Obst waschen, ggf. schälen, putzen und in mundgerechte Stücke schneiden. Trauben und Blaubeeren fürs Baby in Viertel schneiden.

★ Kuchen mit den Obststückchen regenbogenartig verzieren.

DIESER KOKOSKUCHEN ZAUBERT SCHON BEIM ERSTEN BISSEN JEDEM EIN LÄCHELN INS GESICHT. ER IST EXTREM SAFTIG UND SUPEREINFACH IN DER ZUBEREITUNG.

GUT GEÜBT

Kokos-Mango-KUCHEN

ZUTATEN (ergibt 12 Stücke) 20 Min. + 55 Min. Backen

350 g Dinkelmehl Type 630
1 Pck. Weinsteinbackpulver
70 g Kokosraspel
1 Msp. gemahlene Vanille
400 ml Kokosmilch (1 Dose)
1 Banane
50 ml Wasser
1 TL Zitronensaft
150 g aufgetaute TK-Mangowürfel
Butter für die Form

ZUBEREITUNG

★ Den Backofen auf 175 °C (Ober-/Unterhitze) vorheizen.

★ Mehl, Backpulver, Kokosraspel und Vanille in einer Schüssel vermischen.

★ Die Dose Kokosmilch wenige Minuten in warmes Wasser legen, so wird der festere Teil der Kokosmilch flüssig.

★ Inzwischen die Banane schälen und mit einer Gabel zerdrücken.

★ Anschließend Kokosmilch, Wasser, Zitronensaft und die zerdrückte Banane mit den trockenen Zutaten verrühren. Zuletzt die Mangowürfel unterheben.

★ Eine Kastenform (30 cm Länge) mit Butter einfetten. Den Teig darin verteilen und anschließend 55 bis 60 Minuten backen.

★ Den fertigen Kuchen etwas abkühlen lassen, dann vorsichtig aus der Form lösen und auf einem Kuchengitter ganz erkalten lassen.

TIPP

Der Kuchen lässt sich prima einfrieren. Dazu schmeckt das Mango-Eis (siehe Seite 116) als Topping.

TIPP

Der Kuchen lässt sich sehr gut einfrieren, am besten in kleine Stücke oder Scheiben geschnitten.

DIESER KUCHEN IST EIN ECHTER LECKERBISSEN. DIE KONSISTENZ IST SUPERSOFT UND DIE SÜẞKARTOFFELN SORGEN FÜR EIN KÖSTLICH-SÜẞES AROMA.

Süßkartoffelkuchen

GUT GEÜBT

ZUTATEN (ergibt 8–10 Stücke) 30 Min. + 35 Min. Backen

- 50 g getrocknete Datteln (entsteint)
- 40 ml lauwarmes Wasser
- 2 TL Zitronensaft
- 1 Süßkartoffel (ca. 300 g)
- 300 g Dinkelmehl Type 630
- 150 g gemahlene Mandeln
- 1 Pck. Weinsteinbackpulver
- 3 EL Kokosraspel
- 1 Msp. gemahlene Vanille
- 70 g Kokosöl
- 200 ml Milch
- 2 Eier
- Butter für die Form
- 1 Apfel
- 1 Msp. Ceylon-Zimt

ZUBEREITUNG

★ Den Backofen auf 175 °C (Ober-/Unterhitze) vorheizen.

★ Datteln klein schneiden und 15 Minuten im lauwarmen Wasser mit 1 TL Zitronensaft einweichen.

★ Inzwischen die Süßkartoffel schälen und fein raspeln. Mit Mehl, Mandeln, Backpulver, Kokosraspeln und Vanille in einer Schüssel mischen.

★ Das Kokosöl bei schwacher Hitze zerlassen. Datteln fein pürieren und beides mit Milch und Eiern gut verquirlen. Anschließend nach und nach die trockenen Zutaten unter diese Mischung rühren.

★ Eine Springform (26 cm Durchmesser) mit Butter einfetten, den Teig darin verteilen.

★ Apfel schälen, vierteln, das Kerngehäuse entfernen und das Fruchtfleisch in dünne Scheiben hobeln. Apfelscheiben mit restlichem Zitronensaft beträufeln und mit Zimt bestäuben. Auf den Teig legen und den Kuchen etwa 35 Minuten backen. Nach der Stäbchenprobe herausholen und in der Springform noch etwas abkühlen lassen. Dann herauslösen und auf einem Kuchengitter erkalten lassen.

DIESES SELBST GEMACHTE EIS AM STIEL IST EINFACH ZUBEREITET UND EXTREM KÖSTLICH – PERFEKT FÜR ZAHNENDE BABYS.

MANGO-JOGHURT-Stieleis

ZUTATEN (ergibt 6 Stieleis)

300 g TK-Mangowürfel
150 g Naturjoghurt

ZUBEREITUNG
5 Min. + 1 Std. Einfrieren

★ Mangowürfel mit dem Joghurt im Hochleistungsmixer zu einer cremigen Eismasse pürieren.

★ Danach die Eismasse in Stieleis-Formen füllen, Holzstiele hineinstecken und das Eis mindestens 1 Stunde einfrieren. Alternativ die Eismasse sofort im Glas mit einem Löffel verzehren.

TIPP
Statt gekaufter Mangowürfel 1 reife Mango in Würfeln einfrieren. Für Babys das Eis direkt aus einem Schälchen löffeln lassen oder in Eiswürfelformen mit Holzstielen versehen einfrieren.

TIPP

Für Babys die Eismasse entweder direkt aus einem Schälchen löffeln lassen oder in Eiswürfelformen mit Holzstielen versehen einfrieren.

CREMIG, ZART SCHMELZEND UND WAHNSINNIG LECKER. UND DAS OHNE SAHNE UND ZUCKER!

BANANEN-MANDELMUS-Nicecream

ZUTATEN (ergibt 6 Stieleis)

2 reife Bananen
1 EL braunes Mandelmus
3 EL Milch

ZUBEREITUNG

5 Min. + 2 Std. Einfrieren

★ Bananen schälen und in Scheiben schneiden, dann etwa 2 Stunden im Tiefkühlfach einfrieren.

★ Danach mit dem Mandelmus und der Milch im Hochleistungsmixer zu einer cremigen Eismasse pürieren.

★ Das Eis im Glas mit einem Löffel verzehren oder in Stieleis-Formen füllen, Holzstiele hineinstecken und das Eis mindestens 1 Stunde einfrieren.

DIESE KNABBERSTANGEN SIND DER PERFEKTE SNACK FÜR ZWISCHENDURCH. MEINE TOCHTER LIEBTE ES, SIE IN DIPS ZU TUNKEN. AUßERDEM SIND SIE IDEAL FÜR ZAHNENDE BABYS.

Apfel-Knabberstangen MIT HIMBEER-CHIA-DIP

ZUTATEN (ergibt ca. 10 Stück) 20 Min. + 25 Min. Backen

KNABBERSTANGEN:
1 großer Apfel (175 g)
200 g Dinkelmehl Type 630
2 EL Wasser
3 EL Rapsöl

HIMBEER-CHIA-DIP:
1 EL Chiasamen
1 Prise gemahlene Vanille
100 g aufgetaute TK-Himbeeren (oder frische Himbeeren)

ZUBEREITUNG

★ Den Backofen auf 180 °C (Ober-/Unterhitze) vorheizen und ein Backblech mit Backpapier auslegen.

★ Für die Knabberstangen den Apfel schälen, vierteln, vom Kerngehäuse befreien und raspeln.

★ In einer Schüssel Mehl mit Wasser, Öl und Apfelraspeln mit den Händen verkneten.

★ Anschließend mit angefeuchteten Händen Stangen daraus formen und auf das Backblech legen. Die Knabberstangen 25 bis 30 Minuten backen.

★ Inzwischen für den Dip Chiasamen und Vanille in einer kleinen Schüssel mischen. Die Himbeeren in einem hohen Rührbecher fein pürieren. Chiasamen und Vanille unterrühren und zugedeckt 30 Minuten im Kühlschrank quellen lassen. Danach den Dip nochmals kurz pürieren.

★ Dip zu den Knabberstangen servieren.

VARIANTE
Der Dip eignet sich auch gut als Brotaufstrich. Du kannst den Apfel auch durch fein geraspelte Möhren, zerdrückte Banane oder geraspelte Birne ersetzen.

KEINE ZEIT? DIESER FEINE 1-MINUTE-BROTKEKS RETTET DEINEN TAG, WENN ES DOCH MAL SCHNELL GEHEN MUSS. ER IST SUPERLECKER UND FIX ZUBEREITET.

Schneller BROTKEKS

ZUTATEN (ergibt 1 kleine Portion) 5 Min.

- 1 Scheibe Vollkorntoast
- 1 TL Apfelmark

ZUBEREITUNG

★ Brot entrinden und flach drücken. Mit Apfelmark bestreichen.

★ Die Brotscheibe als Stange aufrollen. Nutze das Apfelmark ober- und unterhalb der Brotrolle als »Kleber« zum Verschließen, wenn du die Enden der Rolle jeweils etwas zusammendrückst.

★ Die Brotrolle auf einen Teller legen und 1 Minute in der Mikrowelle erwärmen.

★ Danach 1 Minute auskühlen lassen, dabei verfestigt sich die Brotrolle.

★ Fertig ist der Brotkeks!

EI-ERSATZ

Dazu verrührst du pro Ei, das du ersetzen möchtest, 1 EL Chiasamen oder geschrotete Leinsamen mit 2 EL lauwarmem Wasser und lässt die Mischung 10 Minuten quellen. Anschließend pürieren.

GEMÜSEBRÜHE AUF VORRAT IM GEFRIERFACH ZU HABEN, IST EINE WUNDERBARE UND PRAKTISCHE IDEE, UM NICHT MEHR GANZ SO KNACKIGES GEMÜSE ZU VERWERTEN.

Salzfreie GEMÜSEBRÜHE

ZUTATEN (ergibt ca. 1,5 l) 15 Min. + 45 Min. Garen

- 1 Bund Suppengrün (Möhren, Petersilie, Lauch, Knollensellerie)
- 1 Zwiebel
- 1 Knoblauchzehe
- 2 Tomaten
- 2 EL Rapsöl
- 1,5 l Wasser
- 2 Lorbeerblätter

ZUBEREITUNG

★ Suppengrün putzen, ggf. schälen und waschen. Zwiebel und Knoblauch schälen und wie das Gemüse grob hacken. Tomaten waschen, vierteln und die Stielansätze entfernen.

★ Das Öl in einem Topf erhitzen und das Gemüse darin etwa 4 Minuten anbraten. Danach mit dem Wasser ablöschen.

★ Hitze reduzieren und alles etwa 45 Minuten köcheln lassen. Den entstehenden Schaum mit einer Kelle abschöpfen und danach die Lorbeerblätter zur Brühe hinzugeben.

★ Anschließend die Brühe durch ein mit einem Geschirrtauch ausgelegtes Sieb gießen.

★ Die heiße Brühe in sterilisierte Einmachgläser füllen und gut verschließen.

TIPP

Ausgekühlt lässt sich die Brühe 3 Tage im Kühlschrank aufheben. Oder du frierst sie portionsweise ein, z. B. in einem Eiswürfelbehälter.

DIESES TOASTBROT GAB ES ZUM ERSTEN MAL, ALS MEINER TOCHTER BEREIT FÜR DIE BEIKOST WAR. BIS HEUTE GEHÖRT ES ZU UNSEREN LIEBLINGSREZEPTEN, DIE ICH GERNE AUF VORRAT IM GEFRIERFACH AUFBEWAHRE.

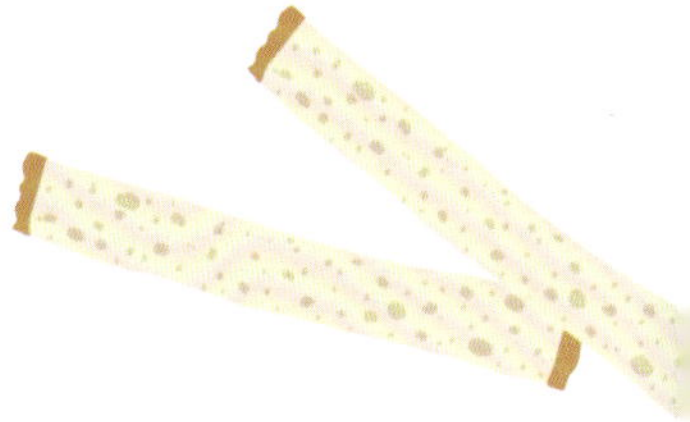

Dinkel-TOASTBROT

ZUTATEN (ergibt 12 Scheiben) 35 Min. + 1 Std. 20 Min. Gehen + 25 Min. Backen

½ Würfel Hefe (21 g)
300 ml lauwarmes Wasser
50 ml lauwarme Milch
250 g Dinkelvollkornmehl
250 g Dinkelmehl Type 630 + mehr für die Arbeitsfläche
1 EL Rapsöl + mehr für die Form

ZUBEREITUNG

★ Die Hefe in eine Schüssel zerkrümeln. Mit Wasser und Milch gut verrühren, bis sie sich aufgelöst hat.

★ Beide Mehlsorten in einer anderen Schüssel mischen. Danach mittig eine Mulde hineindrücken und nach und nach die Hefemischung mit dem Rapsöl hineingießen.

★ Alles zu einem glatten, klebrigen Teig kneten. Wenn der Teig zu feucht ist, noch etwas Mehl hinzugeben. Zugedeckt an einem warmen Ort etwa 1 Stunde gehen lassen.

★ Den Teig auf einer bemehlte Arbeitsfläche erneut durchkneten und zu einem Rechteck in Größe der Kastenform (30 cm Länge) ausrollen.

★ Die Kastenform mit Rapsöl einfetten (oder mit Backpapier auslegen) und den Hefeteig hineinlegen. Zugedeckt nochmals etwa 20 Minuten gehen lassen, bis der Hefeteig wieder schön aufgegangen ist.

★ Inzwischen den Backofen auf 220 °C (Ober-/Unterhitze) vorheizen. Die Form abdecken und das Brot 20 bis 25 Minuten backen.

★ Dann das Brot noch etwa 5 Minuten offen backen, damit es eine schöne Farbe bekommt.

★ Toastbrot aus der Form lösen und auf einem Kuchengitter auskühlen lassen.

SACHREGISTER

REZEPTREGISTER

NÜTZLICHE ADRESSEN

- Deutsche Gesellschaft für Kinder- und Jugendmedizin: www.dgkj.de
- Bundesinstitut für Risikobewertung: www.bfr.bund.de

ERNÄHRUNG

- Forschungsdepartment Kinderernährung: www.fke-shop.de
- Vereine für unabhängige Gesundheitsberatung: www.ugb.de
- Bundeszentrum für Ernährung: www.bzfe.de
- Netzwerk zur Förderung der frühkindlichen Gesundheit: www.gesund-ins-leben.de

ERNÄHRUNGSBERATUNG

- Deutsche Gesellschaft für Ernährung: www.dge.de
- BerufsVerband Oecotrophologie: www.vdoe.de
- Verband der Diätassistenten: www.vdd.de

STILL- UND FORMULABERATUNG

- La Leche Liga: www.lalecheliga.de
- Berufsverband Deutscher Laktationsberaterinnen: www.bdl-stillen.de
- Fachkräfte für Flaschen- und Formulaberatung: www.fes-beratung.de

MARIAS LIEBLINGSEXPERT*INNEN

- Juliane Kux I Kindernotfallkurse: www.luettundsafe.de
- Tabea Laue I Stillberaterin IBCLC: www.tabealaue.de
- Moana Werschler I Ernährungsberaterin für die vegetarische Beikost: www.missbroccoli.com
- Anna Isernhinke I Ernährungsberaterin für die vegane Beikost: www.erbsenzaehler.net
- Niko Rittenau I Ernährungswissenschaftler mit Fokus auf pflanzliche Ernährung: www.nikorittenau.com

HINWEIS

Die Ratschläge in diesem Buch wurden mit größter Sorgfalt von Maria Serdarusic und Verlag erarbeitet und geprüft. Eine Garantie kann jedoch nicht übernommen werden. Ebenso ist eine Haftung der Autorin bzw. des Verlags und seiner Beauftragten für Personen-, Sach- oder Vermögensschäden ausgeschlossen. Erkrankungen mit ernstem Hintergrund gehören in ärztliche Behandlung! Bei bereits bestehenden Beschwerden kann das Buch daher keinen fachärztlichen Rat ersetzen.

QUELLENANGABEN

1 Rapley, Gill & Murkett, Tracey (2008). Baby-led Weaning – Das Grundlagenbuch. Kösel, 35
2 Rapley & Murkett (2008), 53
3 Rapley & Murkett (2008), 203
4 Fangupo, Louise J. et al. A Baby-Led Approach to Eating Solids and Risk of Choking. Pediatrics (2016) 138 (4). Abgerufen 23.02.22 unter https://publications.aap.org/pediatrics/article-abstract/138/4/e20160772/52372/A-Baby-Led-Approach-to-Eating-Solids-and-Risk-of?redirectedFrom=fulltext

ZU DEN AUTOREN

Maria Serdarusic ist Gesundheits- und Krankenpflegerin. 2019 startete sie ihren Blog „Mama kocht breifrei", um ihre Erfahrungen mit „Baby-led Weaning" und der Ernährung ihrer Tochter mit anderen Eltern zu teilen. Sie ließ sich als Fachkraft für babygeleitete Beikost zertifizieren und machte eine Ausbildung zur Ernährungsberaterin für Säuglinge und Kleinkinder. Seitdem bietet sie Kurse und Workshops zum Thema an.

Dr. Nikola Klün veröffentlicht als Ärztin in der Kindermedizin und privat als Mutter von zwei Kindern Artikel und Podcasts auf ihrem Blog »kinderleibundseele.com« und schreibt als Expertin zu den Themen Kindermedizin, kindliche Entwicklung und Elternsein auf »Elternleben.de«. Ihre Mission: Eltern mehr Selbstbewusstsein vermitteln in Bezug auf Gesundheit und Entwicklung ihrer Kinder.

Weitere Bücher von Maria bei ZS:

→ Gesunde Snacks für Kinder

FOOD FOTOS

Im Buch enthaltene Fotos können zur eigenen Nutzung erworben werden unter ***www.stockfood.de***

IMPRESSUM

Hinter jedem tollen Buch steckt ein starkes Team

Projektleitung: *Ina Stewart, Isabella Thiel*
Texte: *Maria Serdarusic, Dr. Nikola Klün*
Rezepte: *Maria Serdarusic*
Lektorat: *Jutta Schmolke*
Covergestaltung: *Julia Hollweck*
Grafische Gestaltung und Satz: *Julia Hollweck, Katharina Fesl*
Illustrationen: *Julia Hollweck, andere siehe Bildnachweis*
Foodfotografie: *Katrin Winner*
Foodstyling: *Catherina Faas, Daniel Schwarz*
Herstellung: *Frank Jansen*
Producing: *Jan Russok*
Druck & Bindung: *optimal media GmbH, Röbel*

5. Auflage 2024

Kaiserstraße 14 b
D-80801 München
ISBN: 978-3-96584-217-5

BILDNACHWEIS

Coverbild, Coverrückseite Mitte, Klappe hinten außen, S. 4, 6, 9, 20, 22, 23, 25, 28, 38-41, 44, 46 (o.), 47, 48, 126 (l.): Tamara Maria Cornelia Würzburger; S. 11, 13, 15, 24, 46 (u.): Maria Serdarusic; S. 17, 126 (r.) : privat; Illustrationen Avocado, Bohnen, Ei, Tomate, Blaubeeren, Möhrensticks, Erdbeeren, Banane, Mandarinen, Kiwi, Brokkoli, Brotsticks: Shutterstock: annanormal; Aquarellhintergrund: Shutterstock: vector illustration; S. 18: Shutterstock: Lolostock; S. 27: Shutterstock: megsyl

LIEBE LESER, LIEBE LESERINNEN

wie schön, dass Sie ein Buch von ZS in den Händen halten. „jetzt leben!“ ist das Motto unseres Verlages. Es steht für Genuss und Inspiration, Unterstützung und Motivation. Ob Kulinarik oder Fitness, Gesundheit oder Lebenshilfe – seit über 30 Jahren bieten wir kompetente Ratgeber für (fast) alle Lebenslagen. Wir lieben Tradition genauso wie Innovation – sie treiben uns an. Unsere Autorinnen und Autoren sind Menschen, die zu ihrem Thema wirklich etwas zu sagen und zu schreiben haben. Unsere Produkte sind erzählerisch, appetitmachend und als gedruckte Bücher haptisch echte Erlebnisse. Für Sie mit ganz viel Liebe gemacht! Entdecken Sie mehr aus unserer wunderbaren Welt!

UNSER VERLAGSHAUS

Mit Standorten in München, Hamburg und Berlin zählt die Edel Verlagsgruppe zu den größten unabhängigen Buchanbietern Deutschlands. Zur Edel Verlagsgruppe gehört unter anderem ZS mit seinen Lizenzmarken Dr. Oetker Verlag, Kochen & Genießen und Phaidon by ZS.

ZS - Ein Verlag der Edel Verlagsgruppe
www.zsverlag.de
www.facebook.com/zsverlag
www.instagram.com/zsverlag

FÜR DIE UMWELT

ZS unterstützt bei der Produktion dieses Buches das Projekt „Junge Riesen für die nächsten 100 Jahre“ im Naturpark Nossentiner/Schwinzer Heide. Damit wird ein Anteil der unvermeidbaren CO_2-Emissionen im direkten Umfeld des Produktionsstandortes kompensiert.

PARTNER
Naturpark
Nossentiner / Schwinzer Heide
www.optimal-media.com/naturschutzprojekt-001

NEWSLETTER

Was koche ich denn heute Feines? Und wie geht das – schmackhaft und gesund?

Melden Sie sich jetzt zum ZS-Genuss-Service an und verpassen Sie keine kulinarischen und gesundheitlichen Trends mehr.
Wir informieren Sie regelmäßig über unsere Neuerscheinungen, Aktionen oder Gewinnspiele und verraten Ihnen unsere Lieblingsrezepte!

GEWINNEN

Unter allen Neuabonnierenden verlosen wir jeden Monat eine *ZS-Genuss-Box* im Wert von 75,00 €.

Jetzt anmelden unter:
www.zsverlag.de/newsletter
oder den QR Code scannen:

ANMELDEN!